D1664998

Stephan Buchheit

Geschäfts- und Erlösmodelle im Internet

Eine Web 2.0 kompatible Erweiterung bestehender Konzepte

Diplomica® Verlag GmbH

Buchheit, Stephan: Geschäfts- und Erlösmodelle im Internet. Eine Web 2.0 kompatible Erweiterung bestehender Konzepte, Hamburg, Diplomica Verlag GmbH 2009

ISBN: 978-3-8366-7004-3
Druck: Diplomica® Verlag GmbH, Hamburg, 2009

Bibliografische Information der Deutschen Bibliothek
Die Deutsche Bibliothek verzeichnet diese Publikation in der Deutschen Nationalbibliografie;
detaillierte bibliografische Daten sind im Internet über
<http://dnb.ddb.de> abrufbar.

© Diplomica Verlag GmbH
http://www.diplomica-verlag.de, Hamburg 2009
Printed in Germany

Inhaltsverzeichnis

Abbildungsverzeichnis

Tabellenverzeichnis

Abkürzungsverzeichnis

A2A	Administration-to-Administration
A2B	Administration-to-Business
A2C	Administration-to-Consumer
ARPA	Advanced Research Projects Agency
B2A	Business-to-Administration
B2B	Business-to-Business
B2C	Business-to-Consumer
Blog	Online Tagebuch; zusammengesetzt aus „Web" und „Log"
bzw.	beziehungsweise
C2A	Consumer-to-Administrator
C2B	Consumer-to-Business
C2C	Consumer-to-Comsumer
CD	Compact Disk
CERN	Conseil Européen pour la Recherche Nucléaire
CPC	Cost per Click
CPL	Cost per Lead
CPO	Cost per Order
d.h.	das heißt
DM	Deutsche Mark
etc.	et cetera
Inc.	Incorporated
IP	Internet Protokoll
ISDN	Integrated Services Digital Network
IT	Information und Telekommunikation
NASDAQ	National Association of Securities Dealers Automated Quotations
Nemax	Neuer-Markt-Index
P2P	Peer-to-Peer
TKP	Tausendkontaktpreis
TV	Television
u.	und
u.a.	unter anderem

USA	United States of America
WWW	World Wide Web
Xetra	Exchange Electronic Trade
z.B.	zum Beispiel

1 Einleitung

1.1 Ausgangssituation

Kein anderes Medium hat sich so rasant entwickelt wie das Internet. Als im April 1993 das europäische Labor für Teilchenphysik CERN, den WWW-Standart zur kostenlosen Nutzung freigab, ahnte niemand, wie das Internet die Gesellschaft und damit auch die Ökonomie verändern würde.[1] Von einem überwiegend textbasierten Medium wurde das Internet zu einer multimedialen Plattform, die Text-, Audio- und Videoangebote in sich vereint. In diesem Zusammenhang spricht man von einer zweiten Phase des Electronic-Business oder gar einer Revolution des Internets, die unter dem Schlagwort Web 2.0 subsumiert wird.[2] Die neuen und innovativen Eigenschaften des Internets lassen ständig neue Geschäfts- und Erlösmodelle im und um das Internet entstehen. Ähnlich wie in der ersten Phase des Electronic-Business, stellt sich heute, im Zeitalter des Web 2.0, für zahlreiche Unternehmen die Frage: Ist der Erfolg von internetbasierten Geschäftsmodellen planbar?

1.2 Zielsetzung

Unzählige Start-Up-Unternehmen haben mit Hilfe des neuen Mediums Internet versucht, ihre Geschäftsideen am Markt durchzusetzen, sind aber auf Grund fehlender Ertragsmöglichkeiten gescheitert oder konnten potenzielle Investoren nicht von ihren Ideen und Visionen überzeugen.[3] Die generelle Zielsetzung dieses Buches besteht darin, Geschäftsmodelle im Internet anhand ihrer verschiedenen Bestandteile zu sytematisieren und darauf aufbauend eine Anleitung zur Konzeptionisierung internetbasierter Geschäftsmodelle zu entwickeln. Dabei sollen die verschiedenen Bestandteile internetbasierter Geschäftsmodelle von der Geschäftsidee bis zum Erlösmodell sukzessiv durchleuchtet werden.

---

[1] Vgl. *van Eimeren/Frees* 2007, 362.

[2] Vgl. *Mayerhöfer* 2006, 66.

[3] Vgl. *Egger* 2004, 171.

1.3 Vorgehen

Kapitel 2 beschreibt die sich stetig ändernden Rahmenbedingungen internetbasierter Geschäftsmodelle und nimmt eine Charakterisierung des Web 2.0 vor.

In Kapitel 3 werden zunächst ausgewählte Definitionsansätze des Geschäftsmodellbegriffs vorgestellt. Darauf aufbauend wird eine allgemeine Definition des Geschäftsmodells entwickelt. Im weiteren Verlauf des Kapitels werden verschiedene Konzeptionisierungsansätze von Geschäftsmodellen vorgestellt.

In Kapitel 4 wird eine Systematisierung internetbasierter Geschäftsmodelle unternommen. Dazu werden zunächst Ansätze verschiedener Autoren vorgestellt. Anschließend wird ein Geschäftsmodell-Cube (GmC) entwickelt, der eine Systematisierung internetbasierter Geschäftsmodelle gewährleistet.

Im Kapitel 5 findet sich eine Anleitung zur Konzeptionalisierung internetbasierter Geschäftsmodelle.

Kapitel 6 schließt das Buch mit einem Ausblick ab.

2 Von der New Economy zum Web 2.0

Die wirtschaftlichen und gesellschaftlichen Strukturen moderner Volkswirtschaften unterliegen einer konstanten Veränderung. Bereits der bekannte österreichische Ökonom Joseph Alois Schumpeter konstituierte, dass Veränderung als die einzige Konstante eines kapitalistischen Gesellschaftssystems angesehen werden kann.[4] Der Übergang vom Produktionsfaktor Kapital hin zu den Produktionsfaktoren Information und Wissen wird seit geraumer Zeit proklamiert. So haben sich neue Begrifflichkeiten wie Informationsökonomie, postindustrielle Gesellschaft, Dienstleistungsgesellschaft, Wissensgesellschaft oder Kommunikationsgesellschaft heraus-kristallisiert. Diese Begrifflichkeiten werden stark durch das neue Medium Internet geprägt. Seit Johannes Gutenberg vor mehr als fünfhundert Jahren die moderne Druckerpresse erfand, wodurch literarische und wissenschaftliche Werke für die Masse zugänglich gemacht wurden, hat keine Erfindung die Möglichkeiten von Individuen derart vergrößert wie das Internet.

2.1 Entwicklung der Internetökonomie

Im Jahr 1945 veröffentlichte Vannevar Bush einen Aufsatz mit dem Titel „As We May Think".[5] Dieser gilt heute als eine der wichtigsten Publikationen der Wissenschaftsgeschichte.[6] Bush skizziert darin ein System vernetzter Computer, die Menschen und Maschinen auf der ganzen Welt verbinden. Der Aufsatz wurde damals nur wenig interessiert zur Kenntnis genommen. Erst Jahre später, als das Internet 1969 aus dem militärischen Forschungsprojekt „ARPA" in den USA entstand, wurde die Intention von „As We May Think" weltweit erkannt. Der Rest ist Internetgeschichte. Im Zuge der Verbreitung des Internets eröffneten sich die ersten ökonomischen Möglichkeiten des neuen Mediums. „Sie lagen vor allem im Angebot von Basisdiensten der Internetnutzung."[7] Hier ist insbesondere die Verbreitung kommerzieller Provider hervorzuheben, die es auch Nutzern außerhalb der Wissenschaft ermöglichten, Zugang zum Internet zu erhalten.[8] Dazu zählen sowohl herkömmliche Tele-

---

[4] Vgl. *Schumpeter* 1939.

[5] Vgl. *Bush* 1945.

[6] Vgl. *Lotter* 2007, 3.

[7] *Grob/vom Brocke* 2006, 5.

[8] Vgl. *Thome/Schinzer* 1997, 14-17.

kommunikations-unternehmen wie die Deutsche Telekom, als auch neu gegründete Unternehmen wie America Online (AOL). Das unüberschaubare Informationsangebot im Internet ließ Intermediäre entstehen, die Dienste zur Informationsselektion anbieten. Sie sind die Pioniere internetbasierter Dienste. Beispiele sind die Suchmaschine Lycos, die 1993 aus einem universitären Forschungsprojekt entstand oder der Yahoo Katalog, der 1994 von zwei Studenten entwickelt wurde und 1996 an die Börse ging.[9] Die größte Innovation in der Geschichte der Informationsselektion wurde von den beiden Stanford Doktoranden, Larry Page und Sergey Brin entwickelt und im September 1998 unter dem Namen Google Inc. offiziell als Unternehmen angemeldet.[10] Daneben kamen zahlreiche weitere internetbasierte Dienste auf, die sich hauptsächlich auf die Informationslogistik konzentrierten. Beispiele sind Nachrichtendienste wie das Times Magazine oder Spiegel-Online. Diese Dienste wurden ihren Kunden unentgeltlich angeboten und sollten hauptsächlich durch Werbeeinnahmen Erträge erwirtschaften.[11] Infiziert durch das anhaltende Wirtschaftswachstum der Vereinigten Staaten in den 90er-Jahren konnte sich die Ökonomisierung des Internets rasant entwickeln. „Der Begriff der New Economy verkörperte die Aufbruchstimmung die das Internet auslöste.“[12] Im Rahmen der New Economy wurde, veranlasst durch das rasante Anwachsen börsennotierter Internetunternehmen, in den USA 1997 die Computerbörse NASDAQ (National Association of Securities Dealers Automated Quotations) gegründet, ein Jahr später in Deutschland der Nemax (Neuer-Markt-Index). So verzeichnete der Nemax in den Jahren 1999 und 2000 insgesamt 264 Börsengänge.[13] Zahlreiche neue Aktien vervielfachten ihren Wert noch am Tag ihrer Emission. Unternehmen in der New Economy konnten überdurchschnittlich hohe Marktwerte verzeichnen. Das Unternehmen EM-TV wies im Jahr 1999 mit 226 Beschäftigten eine größere Marktkapitalisierung auf als die Unternehmen MAN (mit 66.838 Beschäftigten) oder Linde (mit 35.597 Beschäftigten).[14] Der allgemeine Trend wird durch die Entwicklung der spezifischen Aktienindizes repräsentiert. Der NASDAQ Composite konnte im Jahr 1999 einen Anstieg von 89 Prozent verbuchen. Der Nemax stieg von 1999 bis 2000 gar um über 280 Prozent an.[15] Als im März 2000 die Aktienkurse der New Economy einbrachen, sprachen die Medien vom Platzen der Dotcom-Blase. Der Nemax fiel von 8.500 auf

---

[9] Vgl. *Grob/vom Brocke* 2006, 5.

[10] Vgl. *Vise/Malseed* 2007, 66.

[11] Vgl. *Wirtz* 2001a, 221.

[12] *Grob/vom Brocke* 2006, 6.

[13] Vgl. *FAZ* 2003.

[14] Vgl. *Grob/vom Brocke* 2006, 6.

[15] Vgl. *Guo* 2002, 11-27.

1.500 Punkte und wurde im Jahr 2003 vollständig aufgelöst. Der NASDAQ brach auf ein Drittel seines Höchststandes ein.[16] Das ökonomische Schrifttum dieser Phase betont ausdrücklich die Überschätzung der New Economy und diskutiert mögliche Erklärungsansätze für das Scheitern von Unternehmen wie Webvan (1999-2001), Kozmo.com (1998-2001) oder Pets.com (1998-2000), die als Anschauungsobjekte für Fehlinvestitionen gelten.[17] Namhafte Ökonomen wiesen auf die Notwendigkeit zur Rückkehr einer konservativen Beurteilung von Geschäftsideen hin.[18]

Nach der turbulent verlaufenden New Economy Phase steht eine Konsolidierung der Internetökonomie an.[19] Unternehmen sind mit der Aufgabe konfrontiert, das Internet sinnvoll in ihre ordentliche Geschäftstätigkeit zu integrieren.[20]

2.2 Entwicklung der Datenübertragungsrate

Noch vor wenigen Jahren wählten sich die Internetnutzer über Modemgeräte in das Netz ein. Solche Geräte verfügten 1995, als das Internet langsam aber sicher populär wurde, über Datenübertragungsgeschwindigkeiten von 14.400 Bits pro Sekunde. Das Laden einer 50 Kilobyte großen Datei dauerte mit einem solchen Modem eine halbe Minute. Dementsprechend waren zu dieser Zeit die meisten Webseiten, inklusive Bilder, kleiner als 50 Kilobyte.[21] Diese Übertragungsgeschwindigkeiten sind heute, im Zeitalter des Breitband-Internets, kaum mehr vorstellbar. Die Verbreitung und Bedeutung des Breitband-Internets für private Personen und Unternehmen nimmt weltweit stetig zu. Die Entwicklung wird durch die Wachstumsraten der Breitband-Zugänge verdeutlicht. Im Jahr 2000 gab es in Deutschland 0,2 Millionen Breitband-Anschlüsse; 2006 fast 15 Millionen Zugänge. Bis 2015 soll sich diese Anzahl weiter verdoppeln. Der Anstieg bis 2010 wird mit 45 Prozent besonders stark sein.[22]

---

[16] Vgl. *Guo* 2002, 11-27.

[17] Vgl. *Cnet* 2008.

[18] Vgl. *Porter* 2001, 65.

[19] Vgl. *Servatius* 2001, 52-53.

[20] Vgl. *Gartner* 2002.

[21] Vgl. *Alby* 2007, 4.

[22] Vgl. *Wirtz* 2008, 17.

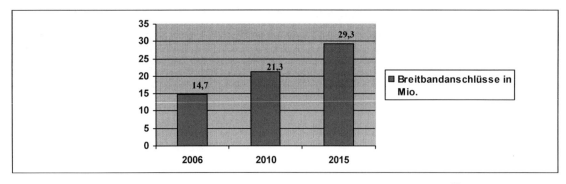

Abbildung 1: Entwicklung der Breitbandanschlüsse in Deutschland bis zum Jahr 2015[23]

„Die Attraktivität des Breitbands wird für die Nutzer insbesondere durch dessen Leistungsfähigkeit bestimmt, denn immer mehr Anwendungen – etwa wie Internet-TV oder Video-on-Demand – verlangen nach größeren Bandbreiten."[24] So werden Bandbreiten von über 16 Mbit/s bis zum Jahr 2015 weit verbreitet sein.[25]

2.3 Entwicklung der Internet-Nutzungskosten

Neben der Zugangsgeschwindigkeit sind die Nutzungskosten ein wichtiger Faktor für die Attraktivität des Internets. Während der Zugang zum Internet immer schneller wird, sinken die Online-Kosten nicht in der gleichen Geschwindigkeit, zumindest nicht in Deutschland. Die Erstanwender (Early Adoper) bezahlten einen hohen Preis für die Nutzung des neuen Mediums Internet. Die reinen Telefonkosten beliefen sich 1990 auf 2,9 Pfennige pro Minute für ein Ortsgespräch.[26] War ein User täglich eine Stunde über einen Einwahlpunkt online, so betrugen allein die Kosten für die Telefongebühren 52,20 DM pro Monat. Hinzu kamen die Gebühren für Dienste, die den Nutzern Zugang zu den Online-Inhalten gewährten. Die stark anwachsende Online-Gemeinde verlangte indes nach einer Flatrate: Diskussionen über die Kosten der Online-Nutzung wurden sogar im Bundestag geführt.[27] Als Anfang 1999 die Firma Mobilcom eine Flatrate für 99 DM einführte, war der Ansturm so groß, dass das Angebot kurz darauf wieder eingestellt werden musste. Auch die von T-Online im Frühjahr 2000 eingeführte Flatrate für Analog- und ISDN-Nutzer wurde nur ein Jahr später wieder

---

[23] Quelle: *Wirtz* 2008, 17.

[24] *Wirtz* 2008, 17.

[25] Vgl. *Wirtz* 2008, 17.

[26] Abgerechnet wurde damals noch in Einheiten à 23 Pfennig.

[27] Vgl. *Alby* 2007, 6-9.

eingestellt, da sich die 79 DM Gebühren pro Monat zuzüglich der Basiskosten für den Telefonanschluss, als Verlustgeschäft erwiesen.[28] Der Sturm auf die Flatrates verdeutlicht, dass viele Nutzer gerne mehr Zeit im Internet verbringen wollten, die Kosten hierfür allerdings deutlich zu hoch waren. So fehlten vielen Firmen der New Economy die Nutzer, was nicht unbedingt impliziert, dass alle New Economy-Firmen heute noch existieren würden, wäre das Internet zu einem früheren Zeitpunkt schneller und günstiger gewesen. Viele Geschäftsmodelle aus dieser Zeit waren einfach zu obskur.[29]

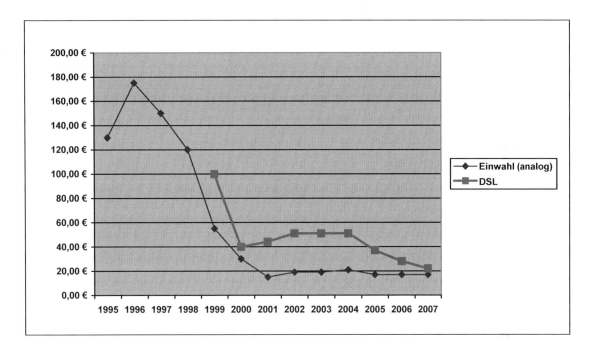

Abbildung 2: Entwicklung der monatlichen Kosten für eine tägliche Online-Stunde[30]

Im Durchschnitt haben sich die Preise für die Nutzung der Internets in der Zeit vom Jahr 2000 bis 2007 mit einem Rückgang von 47 Prozent nahezu halbiert. Der Trend geht klar in Richtung Flatrates, bei denen der Kunde mehr Leistung für weniger Geld bekommt.[31]

---

[28] Vgl. *Alby* 2007, 9.

[29] Vgl. *Alby* 2007, 9-10.

[30] In Anlehnug an *Alby* 2007, 7; *Bitkom* 2007a.

[31] Vgl. *Bitkom* 2007a.

2.4 Nutzerverhalten

Die Zahl der Internetnutzer soll im Jahr 2008 weltweit um hundert Millionen Menschen steigen: von gut 1,23 Milliarden auf rund 1,33 Milliarden. Damit hat sich die Anzahl der Internetnutzer in den letzten sechs Jahren mehr als verdoppelt.[32]

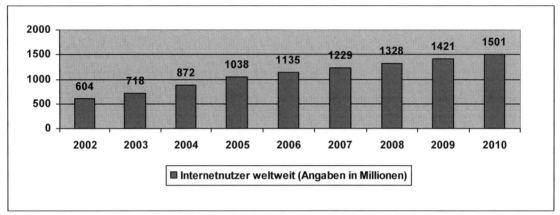

Abbildung 3: Wachstum der weltweiten Nutzerzahlen im Internet[33]

In Deutschland hat die Zahl der Internetnutzer 2007 erstmals die 40-Millionen-Grenze überschritten. Trotz zunehmender Attraktivität von multimedialen Anwendungen dient das Internet der Mehrheit der Nutzer vor allem zur Informationsbeschaffung. 62 Prozent der Anwender charakterisieren ihren Umgang mit dem Internet als überwiegend informationsorientiert. Aktuelle Nachrichten, Service- und Verbraucherinformationen sowie regionale Inhalte sind besonders gefragt.[34] Die durchschnittliche Online-Verweildauer im Jahr 2008 liegt bei 120 Minuten pro Tag, wobei junge Nutzer deutlich mehr Zeit online verbringen als die über 50-Jährigen (Silver Surfer).[35] Bei Schülern und Studenten sind Online-Communities und soziale Netzwerke im Internet besonders beliebt. 50 Prozent der 14- bis 19-Jährigen veröffentlichen private Informationen im Internet.[36] Dieses Nutzungsverhalten führt zu einer engen Bindung an das Medium Internet und ist ein wesentlicher Antrieb der Nutzung.[37] Die Internetnutzer im 21. Jahrhundert haben unzählige Möglichkeiten, sich aktiv an der Gestaltung von

---

[32] Vgl. *Bitkom* 2007b.

[33] In Anlehnung an *Bitkom* 2007b.

[34] Vgl. *ARD/ZDF-Onlinestudie* 2008.

[35] Vgl. *ARD/ZDF-Onlinestudie* 2008.

[36] Vgl. *Bitkom* 2007c.

[37] Vgl. *Trump/Klingler/Gerhards* 2007, 26.

Inhalten zu beteiligen. Der einseitige Konsument wird zum sogenannten Prosument. Dieser Begriff wurde erstmals durch Alvin Toffler geprägt, der die Verschmelzung von Konsument und Produzent, impliziert durch die technologische Entwicklung, ankündigte.[38] „Der Prototyp des Prosumenten im Webzeitalter konsumiert, produziert, und kommuniziert nahtlos über mediale, soziale und technische Netze hinweg und versorgt längst nicht mehr nur sich selbst mit Produkten aus eigener Herstellung."[39]

2.5 Web 2.0

Schon im Jahr 2000 stellte Bühl die These auf, dass die Online-Kommunikation bzw. die virtuelle Gesellschaft in nächster Zeit alle technischen, ökonomischen, sozialen und kulturellen Bereiche der Gesellschaft beeinflussen wird. Dies impliziere einen Strukturwandel in der Öffentlichkeit, der kulturelle Muster und Einstellungen gravierend verändert.[40] „Dieser vorhergesagte Strukturwandel vollzieht sich gerade und wird zusammenfassend unter dem Begriff „Web 2.0" subsumiert."[41] Web 2.0 ist zu einem populären Schlagwort für die aktuelle Internetentwicklung geworden, wobei der Begriff inhaltlich nicht klar definiert ist. Diese Unschärfe geht auf seine Entstehungsgeschichte zurück.[42] Dale Dougherty (O`Reilly-Verlag) und Craig Cline (Media Live) schufen den Begriff, als sie im Jahr 2004 gemeinsam nach dem passenden Namen für eine Konferenz suchten. Bei einer Gegenüberstellung von „altem" und „neuem" Internet, wählte man für das „neue Internet" den Begriff Web 2.0.[43] Populär wurde die Bezeichnung im Jahr 2005 durch den Artikel „What is Web 2.0" von Tim O`Reilly. Darin beschreibt O`Reilly sieben Kernkompetenzen, von denen erfolgreiche Unternehmen im Web 2.0 mindestens eine besitzen. Diese Kernkompetenzen sind im Einzelnen:[44]

---

[38] Vgl. *Toffler* 1980, 273.

[39] *Friebe/Lobo* 2006, 215.

[40] Vgl. *Bühl* 2000, 16.

[41] *Mörl/Groß* 2008, 20.

[42] Vgl. *Trump/Klingler/Gerhards* 2007, 9.

[43] Vgl. *Trump/Klingler/Gerhards* 2007, 9.

[44] Vgl. *O`Reilly* 2005.

- Nutzung des Webs als Plattform
- Kontrolle über einzigartige, schwer nachzubildende Datenquellen, deren Wert proportional zur Nutzungshäufigkeit ansteigt
- Eine neue Methodik bei der Entwicklung von Software, die auch die Anwender einbezieht
- Einbeziehung der kollektiven Intelligenz der Nutzer
- Einbeziehen des sogenannten „Long Tail" durch Systeme, die einen Self-Service ermöglichen
- Erstellung von Software über die Grenzen einzelner Geräte hinaus
- „Leichtgewichtige" Modelle, die sowohl die Benutzerschnittstellen, die Programmierung als auch die Geschäftsmodelle betreffen

Es ist diese Dehnbarkeit des Begriffes, die weltweit zu Diskussionen geführt hat, was Web 2.0 wirklich ist. „Die Diskussionen um das Web 2.0 bewegen sich zwischen zwei Polen, von denen der eine Pol die Existenz eines Web 2.0 verneint, der andere Pol das Web 2.0 als Erfüllung eines Menschheitstraums verkauft. Ob es das Web 2.0 gibt oder nicht, das hängt von der Betrachtungsweise ab."[45] Unumstritten ist, dass sich das Internet und seine Nutzer seit der New Economy weiterentwickelt haben. Haderlein interpretiert das Web 2.0 nicht als isoliertes Medienphänomen sondern als eine Veränderung von Wirtschaft und Gesellschaft. Friebe und Lobo bezeichnen es als nächste Entwicklungsstufe des Internets: Menschen verbinden Menschen.[46] Trump, Klingler und Gerhards beziehen ihre Definition des Web 2.0 auf die Art und Weise wie Websites genutzt werden: rein betrachtend und individuell kommunizierend oder gestaltend und öffentlich kommunizierend.[47]

---

[45] *Alby* 2007, 16.

[46] Vgl. *Friebe/Lobo* 2006, 166.

[47] Vgl. *Trump/Klingler/Gerhards* 2007, 10.

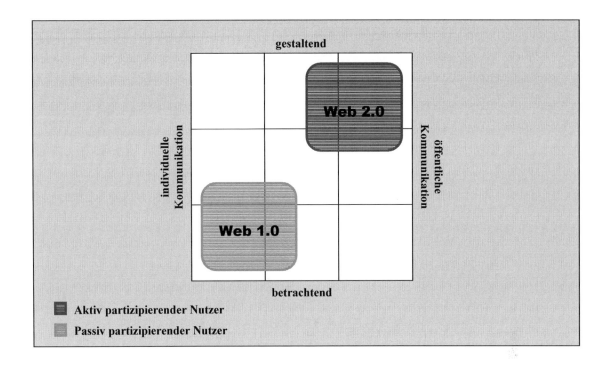

Abbildung 4: Die zwei Dimensionen des Internets[48]

Die Dimension „Gestaltungsgrad" erstreckt sich von einer rein betrachtenden, passiven Nutzung (z.B. Nachrichtenangebote im Internet) bis hin zu einer aktiven, gestaltenden Nutzung (z.B. Nutzung von Foto- oder Video-Communities). Dazwischen existiert ein „weites Feld mehr oder minder intensiver Mitgestaltung."[49] Der „Kommunikationsgrad" erstreckt sich über eine individuelle Kommunikation (z.B. E-Mail) bis hin zur öffentlichen Kommunikation, bei der die Nutzer das Internet als Kommunikationsplattform verwenden, um sich öffentlich mit anderen Nutzern auszutauschen (z.B. soziale Netzwerke). Dazwischen liegt ein weiter Bereich von Kommunikation in unterschiedlicher Intensität (z.B. Bewertungen, Kommentare, Social Bookmarking).[50] „Web 2.0 ist [dementsprechend] Mitgestaltung im Netz und öffentliche Kommunikation."[51] Die durch Partizipation der Internetnutzer entstehenden Inhalte (Texte, Audio, Video, Foto) werden im Rahmen des Web 2.0 als nutzergenerierte Inhalte (user generated content) bezeichnet.[52]

---

[48] Quelle: *Trump/Klingler/Gerhards 2007*, 9.

[49] *Trump/Klingler/Gerhards 2007*, 10.

[50] Vgl. *Trump/Klingler/Gerhards 2007*, 10.

[51] *Trump/Klingler/Gerhards 2007*, 10.

[52] Vgl. *Mörl/Groß 2008*, 21.

Web 2.0 besteht jedoch aus mehr als Schlagwörtern wie Weblogs, Social Bookmarking, Partizipation, grafisches Redesign oder Social Software. Neben technologischen Weiterentwicklungen, wie beispielsweise der Datenübertragungsrate, hat sich vor allem das Umfeld des Internets weiterentwickelt. [53] So sind Veränderungen im Mediennutzungsverhalten und die Reduzierung der Internet-Nutzungskosten wesentliche Treiber für die Entwicklung des Internets hin zum Web 2.0.[54] Das Netz dient zwar weiterhin als Plattform für den Abruf von Informationen, jedoch treten Vernetzung und Kommunikation untereinander verstärkt in den Vordergrund. Dementsprechend haben internetbasierte Geschäftsmodelle, die den Consumer-to-Consumer Bereich abdecken, zukünftig ein großes Erfolgspotenzial.

---

[53] Vgl. *Mörl/Groß* 2008, 21-22.

[54] Vgl. Kapitel 2.3/2.4/2.5.

3 Das Geschäftsmodell als Konglomerat seiner Elemente

Der Begriff „Geschäftsmodell" wurde mit der sprunghaft ansteigenden wirtschaftlichen Nutzung des Internets populär. Der gedankliche Ursprung liegt allerdings in der Prozess- und Datenmodellierung von Unternehmen, stammt also aus der Informationstheorie.[55] Im Laufe der Kommerzialisierung des Internets hat sich der Geschäftsmodellbegriff stark gewandelt. Wurde er im Sinne des Informationsmanagements ausschließlich zur Beschreibung und Darstellung von Prozessen, Aufgaben und Kommunikationsbeziehungen bestehender Unternehmen verwendet, versteht man heute unter einem Geschäftsmodell „[...] einen Plan, wie ein Unternehmen auszusehen hat, um gewisse Kundenbedürfnisse zu befriedigen."[56] Ein solcher Plan muss nicht zwangsläufig mittels eines Informationssystems umgesetzt werden. Der Geschäftsmodellbegriff hat dementsprechend seine ursprüngliche Konnotation, den starken Zusammenhang mit der Informations- und Kommunikationstechnologie, verloren.[57]

3.1 Das Geschäftsmodell als Analyseeinheit

Die Forschung im Geschäftsmodellbereich ist in der Betriebswirtschaftslehre eine noch sehr junge und wenig entwickelte Disziplin.[58] Gleichwohl hat sich eine Reihe von Wissenschaftlern mit dem weit verbreiteten Geschäftsmodellbegriff beschäftigt und ihn als ihre Analyseeinheit definiert.[59] Diese Analyseeinheit muss, um erfolgreich verwendet zu werden, ein Unternehmen sowohl aus den Gesichtspunkten des „marked-based view", als auch des „resource-based view" betrachten.[60] Amit und Zott beschreiben Geschäftsmodelle als den Hauptort der Innovation, und somit als die wichtigste Analyseeinheit um Veränderungen, die durch den Einsatz der Informations- und Kommunikationstechnologie entstehen, zu begreifen.[61] Um die Analyseeinheit Geschäftsmodell eindeutig zu präzisieren, wird zunächst ein

---

[55] Vgl. *Konczal* 1975, 12-15.

[56] *Stähler* 2002, 39.

[57] Vgl. *Hamel* 2000, 18.

[58] Vgl. *Panten* 2005, 29.

[59] Vgl. *Stähler* 2002, 40.

[60] Vgl. *Wetzel* 2004, 64.

[61] Vgl. *Amit/Zott* 2002, 15-47.

chronologischer Überblick ausgewählter Definitionsvorschläge dargelegt und darauf aufbauend eine für diese Arbeit relevante Definition abgeleitet.

3.1.1 Ausgewählte Definitionsansätze des Geschäftsmodells

Der Terminus Geschäftsmodell wird in der Literatur sehr uneinheitlich verwendet. „Definitionen des Begriffs fehlen fast vollständig".[62] Einige Autoren haben sich bereits mit dieser Thematik beschäftigt und folgende ausgewählte Definitionsansätze verfasst:

Timmers (1998)

Definition of a Business Model

- an architecture for the product, service and information flows, including a discription of the various business actors and their roles; and
- a description of the potential benefits for the various business actors; and
- a description of the sources of revenues.[63]

Tapscott, Ticoll und Lowy (2000)

Die Autoren definieren erstmals sogenannte Business Webs (B-Webs) als Synonym für internetbasierte Geschäftsmodelle.

Ein B-Web ist ein klar umrissenes System von Lieferanten, Händlern, E-Commerce-Dienstleistern, Infrastrukturanbietern und Kunden, die das Internet für den wesentlichen Teil ihrer Geschäftskommunikation und Transaktion verwenden.[64]

Wirtz (2001)

„Mit dem Begriff Geschäftsmodell (Business Model) wird hier die Abbildung des Leistungssystems einer Unternehmung bezeichnet. Durch ein Geschäftsmodell wird in stark vereinfachender und aggregierender Form abgebildet, welche Ressourcen in die Unternehmung fließen und wie die Ressourcen durch den innerbetrieblichen Leistungserstellungsprozess in

---

[62] *Wirtz* 2006, 67.

[63] Vgl. *Timmers* 1998, 3-8.

[64] Vgl. *Tapscott/Ticoll/Lowy* 2000, 28-36.

vermarktungsfähige Informationen, Produkte und/oder Dienstleistungen transformiert werden."[65]

Amit und Zott (2002)

„A business model depicts the content, structure, and governance of transactions designed so as to create value through the exploitation of business opportunities."[66]

Stähler (2002)

Definiert ein Geschäftsmodell „[…] als ein Geschäftskonzept, das in der Praxis schon angewandt wird."[67]

Sein Geschäftskonzept beinhaltet folgende Komponenten:[68]

- *Value Proposition* = Welchen Nutzen stiftet das Unternehmen?
- *Architektur der Wertschöpfung* = Wie wird die Leistung in welcher Konfiguration erstellt?
- *Ertragsmodell* = Wodurch wird Geld verdient?

Bieger, Bickhoff und zu Knyphausen-Aufseß (2002)

Unter einem Geschäftsmodell verstehen die Autoren den

„Versuch eine vereinfachte Beschreibung der Strategie eines gewinnorientierten Unternehmens zu erzeugen, die sich dazu eignet, potenziellen Investoren die Sinnhaftigkeit ihres Engagements deutlich zu machen."[69]

Gemünden und Schultz (2003)

„Ein Geschäftsmodell stellt unter einer simultanen Betrachtung des den Kunden und dem Unternehmen vermittelten Wertes, die Gesamtheit der die interne und externe Leistungserstellung beeinflussenden strategischen Erfolgsfaktoren von Unternehmen neben ihren dynamischen Wechselwirkungen systematisch dar."[70]

---

[65] *Wirtz* 2006, 67.

[66] *Amit/Zott* 2002, 20.

[67] *Stähler* 2002, 41-42.

[68] Vgl. *Stähler* 2002, 41-42.

[69] *Bieger/Bickhoff/zu Knyphausen-Aufseß* 2002, 4.

[70] *Gemünden/Schultz* 2003, 175.

Pecha (2004)

„Ein Geschäftsmodell bildet den Transformationsprozess von Inputs in vermarktungsfähige Outputs ab und beinhaltet demzufolge alle relevanten Aspekte der Geschäftstätigkeit einer strategischen Geschäftseinheit. [...] Das Geschäftsmodell veranschaulicht darüber hinaus den eigenen Mitarbeitern wie auch unternehmensexternen Investoren (gegenwärtige und potenzielle), auf welchem Weg die strategische Geschäftseinheit eines Unternehmens die Schaffung ökonomischer Werte plant."[71]

Wetzel (2004)

„Geschäftsmodelle werden als Analyseeinheit des strategischen Managements aufgefasst, die im Bezugsrahmen von unternehmerischem Umfeld, Unternehmenskontext und –strategie stehen. Um Geschäftsmodelle entwickeln und beurteilen zu können, sind Geschäftsmodelle in wettbewerbsstrategische Zusammenhänge einzuordnen, d.h. es ist einerseits der spezifische Nutzen aus Kundensicht, der durch das Geschäftsmodell generiert wird, und anderseits die Haltbarkeit des Wettbewerbsvorteils zu beurteilen."[72]

Bereits diese überschaubare Auswahl an Definitionsansätzen verdeutlicht, welche Unklarheit im Bezug auf eine eindeutige Definition des Geschäftsmodellbegriffs in der Fachliteratur vorherrscht. Gleichwohl ist nach genauerer Analyse festzuhalten, dass die meisten Definitionsansätze des Geschäftsmodells über folgende Merkmale verfügen:[73]

- Das Geschäftsmodell soll in Modellform, den Wertschöpfungsprozess von Inputs in für den Kunden nutzenstiftende Outputs abbilden;

- Hierzu muss das Geschäftsmodell als ein Konstrukt aufgefasst werden, dessen Elemente die relevanten Aspekte der Geschäftstätigkeit einer Unternehmung widerspiegeln;

- Als Ergebnis soll die Abbildung eines Geschäftsmodells darlegen können, wie die Unternehmung langfristig ökonomischen Wert generieren will.

---

[71] *Pecha* 2004, 15.

[72] *Wetzel* 2004, 78.

[73] Vgl. *Pecha* 2004, 13.

3.1.2 Definition des Geschäftsmodellbegriffs

In Anlehnung und Erweiterung an die oben gegebenen Definitionsansätze wird folgende Arbeitsdefinition des Geschäftsmodellbegriffs zugrunde gelegt.

Definition Geschäftsmodell

Ein Geschäftsmodell ist eine wissenschaftliche Analyseeinheit zur aggregierten Darstellung der Wertschöpfungsarchitektur eines Unternehmens. Ein Geschäftsmodell betrachtet die Unternehmung sowohl aus dem Fokus des market-based view, als auch des resource-based view, um so konkrete Handlungsrichtlinien zur Umsetzung und Monetarisierung einer gegebenen Geschäftsidee zu konzipieren.

Der Definition entsprechend gibt ein Geschäftsmodell Auskunft über:

- **Die Wertschöpfungsarchitektur einer Unternehmung**

  Die Wertschöpfungsarchitektur einer Unternehmung ermöglicht eine konsistente Darstellung der zentralen Wertschöpfungsprozesse, sowie der Systematik ihrer Interaktionen, mit dem Ziel einen Mehrwert zu generieren. Der Mehrwert resultiert hierbei aus einer Eigenleistung, die eine Differenz zwischen dem Wert der Abgabeleistung und der übernommenen Vorleistung schafft.[74]

- **Die kombinierte Betrachtung der Strategieschulen des market-based view als auch des resource-based view**

  Grundsätzlich unterscheidet man zwei Strategieschulen, die eine unterschiedliche Gewichtung der Umweltsituation vornehmen.[75] Der in den 1980er Jahren entwickelte market-based view fokussiert die Analyse von Wettbewerbsvorteilen eines Unternehmens auf die Bedingungen im Umfeld der Unternehmung. Der bekannteste Vertreter der marked-based view ist Michael E. Porter, der das ursprünglich aus der volkswirtschaftlichen Wettbewerbstheorie stammende Konzept der Marktbarrieren für das strategische Management nutzbar machte.[76] Darauf aufbauend entwickelte Chris Anderson seine Long Tail Theorie, die sich mit der Vermarktung von Nischenprodukten im

---

[74] Vgl. *Müller-Stewens/Lechner* 2003, 369-391.

[75] Vgl. *Wetzel* 2004, 46.

[76] Vgl. *Porter* 1999.

Internet beschäftigt.[77] Der in den 1990er Jahren entstandene resource-based view hingegen, stellt Ressourcen und Fähigkeiten (Kernkompetenzen) eines Unternehmens in den Mittelpunkt der Betrachtung. Die Unternehmen unterscheiden sich hier durch eine jeweilig unterschiedliche Kombination materieller und immaterieller Ressourcen. Der unternehmerische Erfolg resultiert aus der Heterogenität dieser Ressourcen.[78]

- **Monetarisierung einer Geschäftsidee**

  Mit der Monetarisierung einer Geschäftsidee beschäftigt sich primär das Erlösmodell, als wesentlicher Bestandteil eines Geschäftsmodells. Das Erlösmodell beschreibt, aus welchen Quellen und auf welche Art und Weise das Untenehmen Erlöse erzielt.[79]
  Die Unterbegriffe Erlösquelle und Erlösform bilden die Hauptelemente eines Erlösmodells. Die Erlösquelle gibt Aufschluss über die grundsätzliche Art eines angebotenen Produkts oder einer angebotenen Leistung, für die ein Dritter zu zahlen bereit ist. Die Erlösform hingegen zeigt auf, in welcher Form die Leistungen der Erlösquelle abgerechnet werden.

Der oben definierte Geschäftsmodellbegriff impliziert bereits eine Fokussierung auf die wesentlichen Aspekte der Geschäftätigkeit eines Unternehmens. Die relevanten Bereiche der Geschäftätigkeit lassen sich demnach als Bestandteile eines Geschäftsmodells interpretieren.[80] In der optimalen Gestaltung des Geschäftsmodells liegt somit der entscheidende Unterschied zwischen Erfolg und Misserfolg einer Unternehmung.[81] Um diejenigen Ausprägungen in den Geschäftsmodellelementen zu identifizieren, die letztendlich den größten Erfolgsbeitrag für ein Unternehmen leisten, werden Geschäftsmodellkonzepte entworfen.

3.2 Konzeptionisierungsansätze des Geschäftsmodells

Geschäftsmodellkonzepte beschreiben einzelne Ausprägungen in den relevanten Geschäftsmodellbestandteilen. Diese Ausprägungen können als strategische Erfolgsfaktoren des Unternehmens aufgefasst werden und dienen dem Management als Steuergrößen für die

---

[77] Vgl. *Anderson* 2007, 49-67.

[78] Vgl. *Prahalad/Hamel* 1990, 79-91.

[79] Vgl. *Wirtz* 2006, 70.

[80] Vgl. *Pecha* 2004, 36.

[81] Vgl. *Ahlert/Backhaus/Meffert* 2001, 32.

exakte Ausgestaltung der Geschäftstätigkeit.[82] Somit fungiert das Geschäftsmodellkonzept als Ermittlungsmethode für strategische Erfolgsfaktoren.[83] Nachfolgend werden zunächst zwei ausgewählte allgemeingültige Konzeptionisierungsansätze von Geschäftsmodellen vorgestellt, anschließend wird der Fokus auf internetspezifische Konzeptionisierungsansätze gelegt. In der wirtschaftswissenschaftlichen Literatur finden sich unzählige, zum Teil sehr brachenspezifische Geschäftsmodellkonzepte. Die ausgewählten Geschäftsmodellkonzepte sind chronologisch geordnet und sollen dem Leser einen ersten Eindruck wichtiger Geschäftsmodellkomponenten vermitteln.

3.2.1 Allgemeine Konzeptionisierungsansätze

Wirtz (2001)

Wirtz gliedert sein Geschäftsmodell in sechs von ihm so genannte Partialmodelle, die jeweils der Beschreibung eines spezifischen Aspekts der Geschäftstätigkeit dienen und im Konglomerat das Unternehmensgeschäftsmodell bilden:[84]

- *Das Marktmodell* zeigt auf, welchen Akteuren das Unternehmen in welchen Märkten gegenübersteht. Bei den Akteuren differenziert er zwischen Nachfragern (Nachfragermodell) und Wettbewerbern (Wettbewerbsmodell).
- *Das Beschaffungsmodell* beschreibt, welche Inputfaktoren von externen Lieferanten oder Partnern bezogen werden.
- *Das Leistungsangebotsmodell* spezifiziert, welches Leistungsspektrum welchen Nachfragergruppen angeboten wird.
- *Das Distributionsmodell* gibt Auskunft über die Art und Weise, wie Güter vom Medienunternehmen an die Rezipienten übertragen werden.
- *Das Kapitalmodell* beschreibt, welche finanziellen Ressourcen der Unternehmung zugeführt werden (Finanzierungsmodell) und welche Formen der Refinanzierung dem Unternehmen zur Verfügung stehen (Erlösmodell).
- *Das Leistungserstellungsmodell* zeigt auf, wie Güter und Dienstleistungen kombiniert werden, um Angebotsleistungen zu erzeugen.

---

[82] Vgl. *Panten* 2005, 113.

[83] Vgl. übereinstimmend *Gemünden/Schultz* 2003, 167; *Pecha* 2004, 67; *Breuer/Brenner* 2004, 248.

[84] Vgl. *Wirtz* 2001a, 210-216.

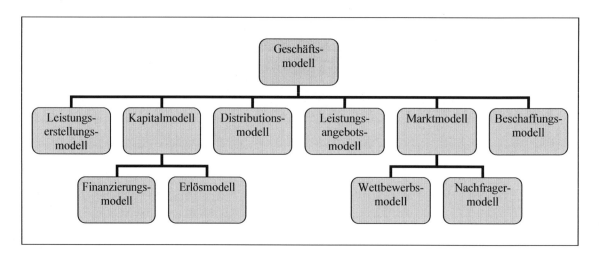

Abbildung 5: Partialmodelle eines integrierten Geschäftsmodells nach Wirtz

Schwetje und Vaseghi (2006)

Die Autoren erläutern, dass die Wurzel eines jeden Geschäftsmodells grundsätzlich die Geschäftsidee bildet. Des Weiteren sind die drei Komponenten Produkte und Leistungen, das Umsatzmodell sowie Markt und Kunden wesentliche Bestandteile eines Geschäftsmodells.[85]

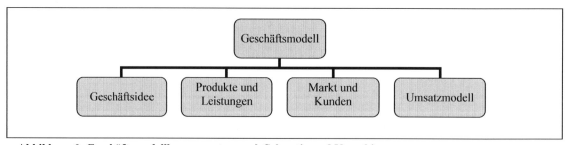

Abbildung 6: Geschäftsmodellkomponenten nach Schwetje und Vaseghi

3.2.2 Internetspezifische Konzeptionisierungsansätze

Wölfle (2000)

Nach Wölfle hat ein internetbasiertes Geschäftsmodell kritische Erfolgsfaktoren zu beachten. Dazu zählen primär die Motivation der Mitarbeiter, die Zielgruppe und die Verfügbarkeit des Know-hows. Außerdem beinhaltet sein Geschäftsmodell eine E-Business Vision, auf die nicht näher eingegangen wird. Des Weiteren geht der Autor auf den wichtigen Punkt der Refinan-

---

[85] Vgl. *Schwetje/Vaseghi* 2006, 34-35.

zierung ein. Diese umschließt Umsätze aus eigenen Verkäufen, Pauschal- und Provisionsein-
nahmen, Werbeeinnahmen und Sponsoring.[86]

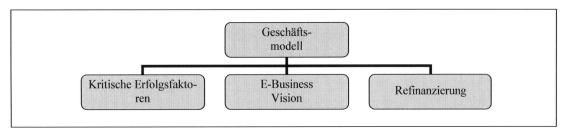

Abbildung 7: Geschäftsmodellelemente nach Wölfle

Timmers (2000)

Timmers unterteilt sein Geschäftsmodell in drei Teilbereiche. Dabei handelt es sich um die
Wertkettenzerlegung, die Interaktionen des Unternehmens und den Wertkettenwiederaufbau.
Zunächst wird also die Wertkette des Geschäftsmodells analysiert und atomisiert. Anschließend wird eine geeignete Interaktionsform bestimmt, wobei die bekannten Beziehungen in der
Form 1:n, n:1 oder n:m zur Verfügung stehen. Abschließend wird die Wertekette in optimier-
ter Art und Weise zusammengesetzt, um so einen bestmöglichen Ablauf der Geschäftsprozesse zu gewährleisten.[87]

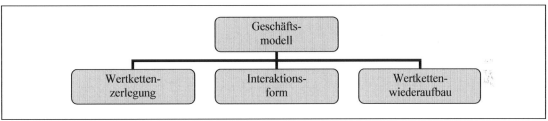

Abbildung 8: Teilbereiche von Geschäftsmodellen nach Timmers

Tapscott, Ticoll und Lowy (2000)

Die Autoren beschreiben sogenannte Business-Webs (B-Webs) als Weiterentwicklung von
internetbasierten Geschäftsmodellen. Ein B-Web hat neun wichtige Merkmale:[88]

- *Internet-Infrastruktur:* Die Partner eines B-Webs nutzen das Internet zur Senkung ihrer Transaktionskosten.
- *Neues Nutzenversprechen:* Ein B-Web liefert ein neues Nutzenversprechen, das damit
  bisherige Lösungen ersetzt.

---

[86] Vgl. *Wölfle* 2000, 62-65.

[87] Vgl. *Timmers* 2000, 31-41.

[88] Vgl. *Tapscott/Ticoll/Lowy* 2000, 19.

- *Einbeziehung vieler Unternehmer:* Ein B-Web koordiniert die Beiträge vieler ange-schlossener Unternehmer.

- *Fünf Kategorien von Teilnehmern:* In einer B-Web-Struktur gibt es fünf Teilnehmer-kategorien, die zur Wertschöpfung beitragen. Dazu gehören Kunden, Kontextanbieter (sind für die Koordination, Wertrealisierung und die Spielregeln des Systems verant-wortlich), Inhaltsanbieter, E-Commerce-Dienstleister und Infrastrukturanbieter.

- *Coopetition:* Die B-Web-Partner kooperieren und konkurrieren gleichzeitig miteinan-der.

- *Kundenzentriertheit:* B-Webs konzentrieren sich primär auf die Kunden.

- *Kontext steht an erster Stelle:* Der Kontextanbieter pflegt Kundenbeziehungen und koordiniert wertschöpfende Aktivitäten des gesamten Systems. Diese B-Web-Anführer haben ein Anrecht auf den Hauptteil der Gewinne.

- *Regeln und Standards:* Alle Beteiligten kennen und akzeptieren die B-Web-Regeln.

- *Wissen im Überfluss:* Die B-Web-Teilnehmer tauschen Daten, Informationen und Wissen aus.

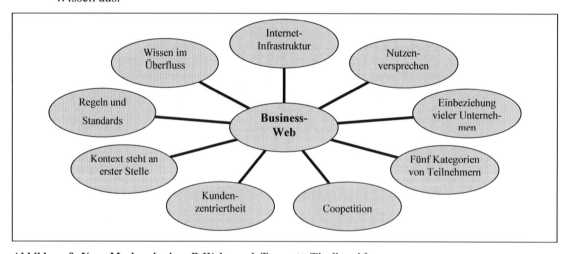

Abbildung 9: Neun Merkmale eines B-Webs nach Tapscott, Ticoll und Lowy

zu Knyphausen-Aufseß und Meinhardt (2002)

In ihrem Beitrag entwickeln die Autoren einen „Bezugsrahmen zur Strukturierung von Geschäftsmodellen."[89] Sie gehen davon aus, dass Geschäftsmodelle dazu dienen, einem Investor die Geschäftstätigkeit eines Unternehmens vereinfacht darzustellen. Die konstituie-renden Elemente eines Geschäftsmodells sind demnach:

---

[89] *zu Knyphausen-Aufseß/Meinhardt* 2002, 63.

- *Die Produkt-/Markt-Kombination* zeigt, auf welchen Märkten mit welchen Produkten konkurriert werden soll und wie die Art der Transaktionsbeziehungen zum Kunden gestaltet werden sollen.

- *Die Durchführung und Konfiguration der Wertschöpfungsaktivitäten* beschreibt, wie die Unternehmensaktivitäten und ihre Zusammenhänge in der Reihenfolge zu strukturieren sind, um Wettbewerbsvorteile herauszuarbeiten.

- *Die Ertragsmechanik* gibt Auskunft über die Quellen, aus denen es Umsatzerlöse erwirtschaftet und zeigt auf wie diese Quellen zusammenhängen.

- *Der Kundennutzen* ist der von einem Kunden, bei dessen Konsumentscheidung subjektiv wahrgenommene Nutzen.

- *Die Haltbarkeit von Wettbewerbsvorteilen* beschreibt die Verteidigung erlangter Wettbewerbsvorteile gegen Angriffe der Konkurrenz.[90]

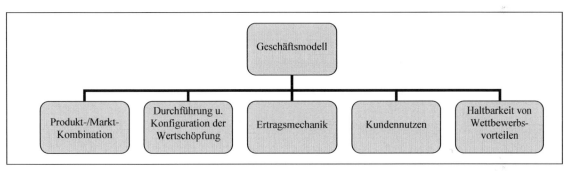

Abbildung 10: Elemente von Geschäftsmodellen nach zu Knyphausen-Aufseß und Meinhardt

Stähler (2002)

Stähler definiert für sein Geschäftskonzept drei Hauptbestandteile:

- *Die Value Proposition* beschreibt den Nutzen, den Kunden und Wertschöpfungspartner durch das Geschäftsmodell erhalten.

- *Die Architektur der Leistungserstellung* besteht aus den 4 Komponenten Produkt-/Marktentwurf, interne Architektur, externe Architektur sowie Grad der Stabilität der Architektur. Der Produkt-/Marktentwurf beantwortet die Frage, welches Produkt das Unternehmen in welchem Marktsegment anbietet. Die interne Architektur beschreibt die Aktivitäten, die innerhalb eines Unternehmens zur Leistungserstellung erbracht werden, während die externe Architektur die Schnittstellen zum Kunden und zu den

---

[90] Vgl. *zu Knyphausen-Aufseß/Meinhardt* 2002, 66-81.

Wertschöpfungspartnern umschließt. Der Grad der Stabilität legt fest, wie flexibel die Architektur aufgebaut werden soll, ob bewusst langfristig stabil oder dynamisch.

- *Das Ertragsmodell* beschreibt, aus welchen Quellen und auf welche Weise das Unternehmen sein Einkommen erwirtschaftet.[91]

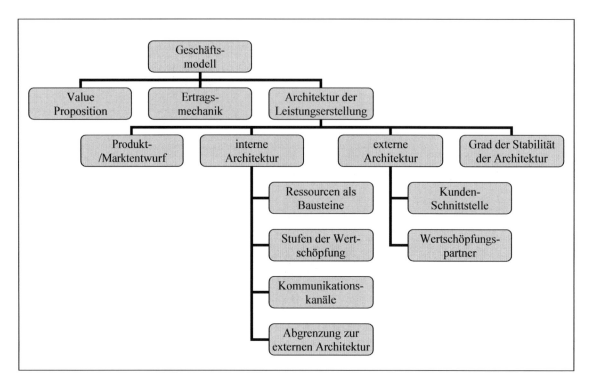

Abbildung 11: Bestandteile eines Geschäftsmodells nach Stähler

Bieger, Rüegg-Stürm und von Rohr (2002)

Die Autoren konzipieren in ihrem Beitrag ein achtstufiges Geschäftsmodell. Ein internetbasiertes Geschäftsmodell setzt sich demnach aus dem Leistungskonzept, dem Kommunikationskonzept, dem Ertragskonzept, dem Wachstumskonzept, der Kompetenzkonfiguration, der Organisationsform, dem Kooperationskonzept und dem Koordinationskonzept zusammen. Jede dieser acht Gestaltungsdimensionen beschäftigt sich mit einer modellspezifischen Problemstellung.[92]

---

[91] Vgl. *Stähler* 2002, 41-47.

[92] Vgl. *Bieger/Rüegg-Stürm/von Rohr* 2002, 48-58.

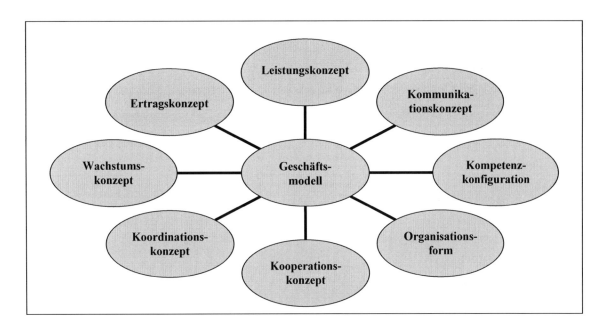

Abbildung 12: Achtstufiges Geschäftsmodell nach Bieger, Rüegg-Stürm und von Rohr

- *Ertragskonzept:* Wie werden Einnahmen erzielt?

- *Leistungskonzept:* Für welchen Kunden welchen Nutzen?

- *Kommunikationskonzept:* Wie wird Leistung kommunikativ verankert?

- *Kompetenzkonfiguration:* Welche Kernkompetenzen sind notwendig?

- *Organisationsform:* Welches ist die Reichweite der eigenen Unternehmung?

- *Kooperationskonzept:* Zusammenarbeit mit welchen Kooperationspartnern?

- *Koordinationskonzept:* Welches Koordinationsmodell wird angewendet?

- *Wachstumskonzept:* Welches Wachstumskonzept wird verfolgt?

Österle (2002)

Österle beschreibt in seiner Arbeit die sogenannten Bausteine der digitalen Wirtschaft. Ein Geschäftsmodell im Internet setzt sich demzufolge aus den Bausteinen Kundenprozess, Kudenprozessportal, Geschäftsnetzwerk, Business Collaboration Infrastructure und eService zusammen. Der Kundenprozess beschreibt dabei alle Aktivitäten, die ein Kunde im Rahmen eines Geschäftsprozesses ausführen kann. Im Kundenprozessportal werden alle diese Aktivitäten dargestellt, so dass der Kunde nur eine einzige Anlaufstelle im Unternehmen benötigt. Aufgabe des Geschäftsnetzwerks ist die Integration bzw. Desintegration (Outsourcing) von Aufgaben, die ein Unternehmen durchführen muss. Die Business Collaboration Infrastructure dient der gegenseitigen Abstimmung von Schnittstellen zwischen Unternehmen. Im letzten Baustein, dem eService, entwickelt der Autor eine Typologie für internetbasierte Geschäftsmodelle. Er unterscheidet demnach zwischen Business Processes, Content and Transaction, Integration und IT-Operation.[93]

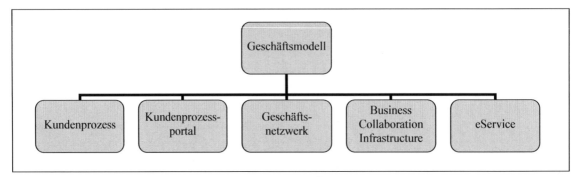

Abbildung 13: Komponenten eines Geschäftsmodells nach Österle

Meier und Stormer (2005)

Die Autoren untergliedern ein Geschäftmodell in sechs zu klärende Fragestellungen:

- *Definition der Produkte und Dienstleistungen:* Es muss entschieden werden, ob die Produktpalette durch digitale Informationsobjekte und Servicedienste ergänzt, abgelöst oder erweitert werden soll.

- *Festlegung der Zielkunden und Absatzmärkte:* Es werden diejenigen Kunden und Kundensegmente evaluiert, die einen hohen Kundenwert besitzen.

- *Evaluation und Auswahl eines geeigneten Business Webs:* Hier wird auf Tapscotts Business Webs zurückgegriffen.[94]

- *Gestaltung der Geschäftsprozesse und Distributionen:* Die Gestaltung der Geschäftsprozesse legt fest, welche Aktivitäten automatisch und welche manuell durchgeführt werden. Die Distributionslogistik als auch die Festlegung der Lieferantenkette sind ebenfalls von Bedeutung.

- *Preismodell und Zahlungsmodalitäten:* Neben der Preisbildung, -differenzierung und -bündelung müssen elektronische Zahlungsoptionen angeboten werden.

- *Erstellung einer Sicherheitskonzeption:* Soll Integrität, Verfügbarkeit und Vertraulichkeit elektronischer Geschäfte gewährleisten.[95]

---

[93] Vgl. *Österle* 2002, 18-36.

[94] Vgl. Kapitel 4.1.5

[95] Vgl. *Meier/Stormer* 2005, 22-23.

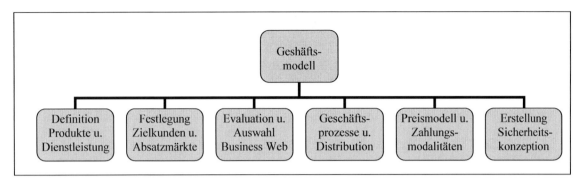

Abbildung 14: Komponenten eines internetbasierten Geschäftsmodells nach Meier und Stormer

In der folgenden Übersicht sind die Hauptbestandteile von Geschäftsmodellen nach den ausgewählten Autoren zusammenfassend dargestellt.

Wirtz:	**Meier und Stormer:**
▪ Leistungserstellungsmodell ▪ Kapitalmodell: Finanzierungs-/Erlösmodell ▪ Distributionsmodell ▪ Leistungsangebotsmodell ▪ Marktmodell: Wettbewerbs-/Nachfragermodell ▪ Beschaffungsmodell	▪ Definition Produkte und Dienstleistungen ▪ Festlegung Zielkunden und Absatzmärkte ▪ Evaluation und Auswahl Businnes-Web ▪ Geschäftsprozesse und Distribution ▪ Preismodell und Zahlungsmodalitäten ▪ Erstellung Sicherheitskonzeption
Schwetje und Vaseghi:	**Österle:**
▪ Geschäftsidee ▪ Produkte und Leistungen ▪ Markt und Kunden ▪ Umsatzmodell	▪ Kundenprozess ▪ Kundenprozessportal ▪ Geschäftsnetzwerk ▪ Business Collaboration Infrastructure ▪ eService
Tapscott, Ticoll und Lowy:	**Bieger, Rüegg-Stürm und von Rohr:**
▪ Internetinfrastruktur ▪ Nutzenversprechen ▪ Einbeziehung vieler Unternehmen ▪ Fünf Kategorien von Teilnehmern ▪ Coopetition ▪ Kundenzufriedenheit ▪ Kontext steht an erster Stelle ▪ Regeln und Standards ▪ Wissen im Überfluss	▪ Leistungskonzept ▪ Kommunikationskonzept ▪ Kompetenzkonfiguration ▪ Organisationsform ▪ Kooperationskonzept ▪ Koordinationskonzept ▪ Wachstumskonzept ▪ Ertragskonzept
zu Knyphausen-Aufseß und Meinhardt:	**Stähler:**
▪ Produkt-/Marktkombination ▪ Durchführung u. Konfiguration Wertschöpfung ▪ Ertragsmechanik ▪ Kundennutzen ▪ Haltbarkeit von Wettbewerbsvorteilen	▪ Value Proposition ▪ Ertragsmechanik ▪ Architektur der Leistungserstellung ➢ Produkt-/marktentwurf ➢ interne Architektur ➢ externe Architektur ➢ Grad der Stabilität der Architektur
Wölfle:	**Timmers:**
▪ Kritische Erfolgsfaktoren ▪ E-Business Vision ▪ Refinanzierung	▪ Wertkettenzerlegung ▪ Interaktionsform ▪ Wertkettenwiederaufbau

Tabelle 1: Branchenübergreifende Geschäftsmodellkonzepte und ihre Bestandteile

3.3 Kernelemente internetbasierter Geschäftsmodelle

Aus den bestehenden Konzeptionisierungsansätzen internetbasierter Geschäftsmodelle kristallisieren sich folgende 3 Kernelemente heraus:

- **Generierung von Nutzen für Kunden und Wertschöpfungspartner**

  Jedes Geschäftsmodell muss, wenn es Aussicht auf Investoreninteresse haben soll, sowohl einen Nutzen für Kunden, als auch für Wertschöpfungspartner der Unternehmung produzieren.[96] Ein Geschäftsmodell definiert sich demnach nicht über ein bestehendes Produkt, sondern über die Nutzengenerierung und damit indirekt über die Bedürfnisbefriedigung beim Kunden. Auch Wertschöpfungspartner, seien es Lieferanten oder Komplementäre, müssen aus der Partizipation an dem Geschäftsmodell einen Nutzen ziehen, damit sie ihren Teil des Wertschöpfungsprozesses leisten.[97]

- **Architektur der Leistungserstellung**

  Die Architektur der Leistungserstellung, oder anders gesagt der Wertschöpfung, besteht aus den Komponenten: *Produktentwurf, Marktentwurf, interne Architektur und externe Architektur.* Der Produktentwurf enthält das Design des Produktes oder Produktbündels, das ein Unternehmen seinen Kunden anbieten möchte, um sein Nutzenversprechen zu erfüllen. Dies beinhaltet die Entscheidung, welches Produkt in welcher Konfiguration erzeugt wird. Durch einen gelungen Produktentwurf kann sich ein Unternehmen auch von möglichen Wettbewerbern differenzieren. Der Marktentwurf beschäftigt sich mit der Abgrenzung des Marktes, in welchem ein Unternehmen tätig werden möchte. Diese Abgrenzung erfolgt über geographische Kriterien (lokales bis globales Angebot) bzw. über Kundensegmente (Unternehmen, private Haushalte, Alter, Geschlecht, etc.). Die Kombination von Produkt- und Marktentwurf (Produkt-/Markt-Kombination)[98] gibt Aufschluss darüber, welches Produkt das Unternehmen in welchem Marktsegment anbieten möchte. Die interne Architektur beinhaltet die Ressourcen, die ein Unternehmen intern einsetzen kann, einen Plan, wie diese Ressourcen zusammengesetzt werden müssen (Stufen der Wertschöpfung), sowie die Kommunikationskanäle und Koordinationsmechanismen zwischen den einzelnen Wertschöp-

---

[96] Vgl. *zu Knyphausen-Aufseß/Meinhardt* 2002, 78.

[97] Vgl. *Stähler* 2002, 43.

[98] Vgl. *zu Knyphausen-Aufseß/Meinhardt* 2002, 66-69.

fungsstufen. Darüber hinaus legt sie fest, welche Aktivitäten innerhalb des Unternehmens erbracht bzw. von externen Partnern bezogen werden. Die interne und externe Architektur setzen folglich den Produkt-/Marktentwurf um und dienen so der Erstellung eines Produktes. Die externe Architektur umschließt sowohl die Schnittstelle des Unternehmens zum Kunden, als auch die Wertschöpfungspartner, die die Ressourcenbasis des Unternehmens komplementieren. Die Architektur der Leistungserstellung hat die Aufgabe, diese Komponenten so zu konfigurieren, dass der dem Kunden und anderen Wertschöpfungspartnern versprochene Nutzen effizient gestiftet werden kann. Folglich ist sie der Schlüssel zum Erlangen von Wettbewerbsvorteilen.[99]

- **Erlösmodell**
  Das Erlösmodell ist ein wesentlicher Bestandteil des Geschäftsmodells einer Unternehmung.[100] Während durch die Generierung von Nutzen und die gewählte Wertschöpfungsarchitektur die Kostenseite des Unternehmens definiert wird, beschreibt das Erlösmodell, aus welchen Quellen und auf welche Weise das Unternehmen sein Einkommen erwirtschaftet.[101] Konkret zeigt das Erlösmodell, aus welchen Erlösformen sich Einzahlungen in welchem Umfang zusammensetzen und dient folglich der Systematisierung der Umsatzerlöse.[102] Im Folgenden wird dieses wichtige Kernelement internetbasierter Geschäftmodelle genauer betrachtet und beschrieben.

3.4 Internetbasierte Erlösmodelle

Der Terminus Erlösmodell wird in der Literatur häufig nicht trennscharf von seinen Unterbegriffen Erlösform und Erlösquelle abgegrenzt.[103] Um den Erlösmodellbegriff zu operationalisieren, wird ein internetbasiertes Erlösmodell in der Folge als Konglomerat seiner Bestandteile, Erlösquelle und Erlösform betrachtet. Die Erlösquelle charakterisiert dabei den grundsätzlichen Typus eines angebotenen Produkts, die Erlösform hingegen, in welcher Form die aus der Erlösquelle resultierenden Leistungen abgerechnet werden.

---

[99] Vgl. *Stähler* 2002, 43.

[100] Vgl. *Wirtz* 2006, 70.

[101] Vgl. *Stähler* 2002, 47.

[102] Vgl. *Zerdick et al.* 2001, 24-29.

[103] Vgl. *Breunig* 2005, 407-418.

- **Erlösquelle**

  Im Internet können Erlöse nicht nur aus dem Vertrieb von Produkten und Dienstleistungen erzielt werden, sondern ebenfalls aus dem Angebot von Werbemöglichkeiten und dem Verkauf von Nutzerprofilen der Konsumenten. Nach Skiera und Lambrecht können Erlösquellen im Internet in die Kategorien Produkte, Kontakte und Informationen unterteilt werden, die sowohl isoliert als auch kombiniert auftreten können. Bei Erlösen aus dem Verkauf von Produkten wird das eigentliche Produkt bepreist. Dabei kann es sich um ein Buch, eine CD oder die Möglichkeit einer Internetrecherche in diversen Archiven handeln. Erlöse aus Kontakten werden erwirtschaftet, wenn ein Unternehmen seinen eigenen Kundenstamm bzw. die eigene Internetpräsenz dazu nutzt, interessierten Dritten beispielsweise Werbemöglichkeiten oder Sponsoring anzubieten. Erlöse aus dem Verkauf von Informationen werden unter anderem durch das Anbieten von Nutzerprofilen oder Paneldaten der eigenen Kunden an Dritte generiert.[104]

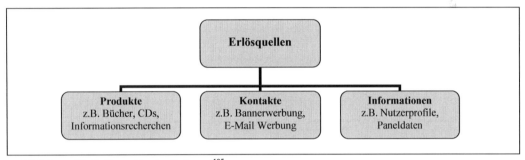

Abbildung 15: Erlösquellen im Internet[105]

- **Erlösform**

  Die Erlösform beschreibt, wie die durch die Erlösquelle erzielten Umsätze realisiert werden können, d.h. wie diese abrechenbar gemacht werden. Grundsätzlich lassen sich die Erlösformen nach den Kriterien direkte versus indirekte Erlösgenerierung sowie transaktionsabhängige versus transaktionsunabhängige Erlösgenerierung differenzieren.[106]

  Die direkten Erlöse werden von den Nachfragern der Leistung ohne Umwege direkt an den Anbieter der Leistung geleitet, wohingegen indirekte Erlöse unter Einbeziehung eines Dritten bezogen werden. Die Unterscheidung nach direkten und indirekten Er-

---

[104] Vgl. *Skiera/Lambrecht* 2007, 869-886.

[105] Quelle: *Skiera/Lambrecht* 2007, 874.

[106] Vgl. *Wirtz* 2006, 587.

lösformen fokussiert dementsprechend auf die Frage, ob Nutzer und Zahler einer Leistung identisch sind oder ob es sich um zwei verschiedene Akteure handelt. Transaktionsabhängige Erlöse beziehen sich auf den Umfang einer erbrachten Leistung, transaktionsunabhängige Erlöse basieren auf Verträgen, die eine angebotene Leistung zu einem festen Grundpreis in einer vorgegebenen Zeitperiode festlegen.[107]

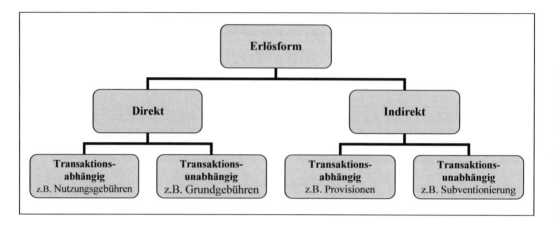

Abbildung 16: Erlösformen im Internet

Ein internetbasiertes Erlösmodell beschreibt eine möglichst optimale Kombination dieser beiden Bestandteile, um so die Erlöse einer Unternehmung zu maximieren.[108]

---

[107] Vgl. *Wirtz* 2006, 587-588.

[108] Vgl. *Schwickert* 2004, 11-12.

4 Systematisierung internetbasierter Geschäftsmodelle

In der Unternehmenspraxis existiert mittlerweile eine unübersichtlich hohe Zahl von zum Teil sehr komplexen Geschäftsmodellkonzepten, die speziell für das neue Medium Internet entwickelt wurden, mit dem Ziel, möglichst hohe Gewinne zu erwirtschaften. Um diese Vielfalt auf eine begrenzte Anzahl von Geschäftsmodelltypen eingrenzen zu können, bedarf es einer Identifikation von geeigneten Merkmalen. Speziell in der Literatur, die sich mit internetbasierten Geschäftsmodellen auseinandersetzt, finden sich Anhaltspunkte für eine Beschreibung solcher Merkmale.[109] Allerdings existieren keine allgemein anerkannten und branchenübergreifenden Modellierungsmethoden bzw. Notationen für internetbasierte Geschäftsmodelle. Verfahren und Techniken zur Erstellung von Submodellen, die in einer detaillierten Geschäftsprozessmodellierung methodisch durchgängig verwendet werden können, fehlen gänzlich.[110] In diesem Kapitel wird ein Bezugsrahmen zur Systematisierung von internetbasierten Geschäftsmodellen entwickelt, der bereits bestehende Typisierungsansätze miteinander kombiniert und erweitert. Bestandteil dieses Systematisierungsansatzes müssen unter anderem die in Kapitel 3 erarbeiteten Kernelemente internetbasierter Geschäftsmodelle sein. Im Folgenden werden einzelne Dimensionen, die zur Systematisierung von Geschäftsmodellen im Internet herangezogen werden können, zum Teil autorenspezifisch beschrieben. Hierbei werden Geschäftsmodelle zunächst isoliert von ihrem wesentlichen Bestandteil dem Erlösmodell betrachtet, da dieses Teilmodell speziell im Internetbereich zahlreiche Besonderheiten aufweist.[111]

4.1 Systematisierungsansätze von Geschäftsmodellen im Internet

4.1.1 4C-Net-Business-Modell nach Wirtz

In Anlehnung an seinen allgemeinen Konzeptionisierungsansatz,[112] wählt Wirtz als Abgrenzungskriterium für internetbasierte Geschäftsmodelle das Leistungsangebot. Das Abgrenzungskriterium Leistungsangebot ermöglicht eine Gruppierung von homogenen Gruppen

---

[109] Vgl. *zu Knyphausen-Aufseß/Meinhardt* 2002, 65.

[110] Vgl. *Schwickert* 2004, 14.

[111] Vgl. *Wirtz* 2001a, 214.

[112] Vgl. Kapitel 3.2.1.

hinsichtlich der produktspezifischen Leistungs- und Wertschöpfungsprozesse. Wirtz konzentriert sich bei seiner Typologisierung auf den Business-to-Consumer Bereich und unterscheidet die vier Basisgeschäftsmodelltypen Content, Commerce, Context und Connection. Diese Basisgeschäftsmodelle lassen sich ebenso auf alle weiteren Segmente von Transaktionsbeziehungen transformieren, wobei hier allerdings signifikante Unterschiede bezüglich einiger Ausprägungen bestehen. So ist im Business-to-Business Bereich – und hier speziell im Content-Segment – eine deutlich höhere Zahlungsbereitschaft vorhanden. Zusätzlich werden im Connection-Segment deutlich höhere Anforderungen an die Leistungsfähigkeit der Anwendungen und Systeme gestellt.[113] Im Folgenden werden die vier Basisgeschäftsmodelle nach Wirtz näher vorgestellt.

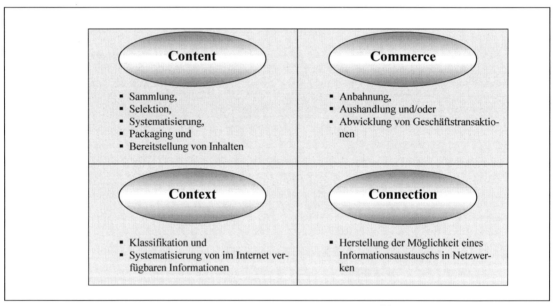

Abbildung 17: Basisgeschäftsmodellklassifikation im Internet nach Wirtz[114]

Content[115]

Das Geschäftsmodell Content beinhaltet die Sammlung, Selektion, Systematisierung, Kompilierung (Packaging) und Bereitstellung digitaler Inhalte über das Internet. „Ziel des Geschäftsmodellansatzes ist es, den Nutzern Inhalte einfach, bequem, visuell ansprechend aufbereitet und online zugänglich zu machen.“[116] Diese Inhalte können informierender,

---

[113] Vgl.*Wirtz* 2001a, 274.

[114] Quelle: *Wirtz* 2006, 586.

[115] Vgl. *Wirtz* 2006, 590-591.

[116] Vgl. *Wirtz* 2001a, 219.

bildender oder unterhaltender Natur sein. Dementsprechend lässt sich das Geschäftsmodell Content in die Geschäftsmodellvarianten E-Information, E-Education und E-Entertainment unterteilen. Eine Subkategorie stellt das E-Infotainment dar, in dem informierende und unterhaltende Inhalte fokussiert werden.

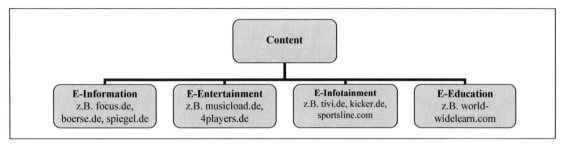

Abbildung 18: Das Geschäftsmodell Content

Commerce[117]

Das Geschäftsmodell Commerce beinhaltet die Anbahnung, Aushandlung und/oder Abwicklung von Geschäftstransaktionen im Internet, mit dem Ziel, traditionelle Transaktionswege entweder zu ergänzen oder gänzlich zu substituieren. Folglich lässt sich das Geschäftsmodell weiter in die Varianten E-Attraction, E-Bargaining/E-Negotiation und E-Transaction unterteilen. E-Tailing als weitere Variante impliziert den gesamten Prozess des Verkaufs von Produkten an Konsumenten im Internet.

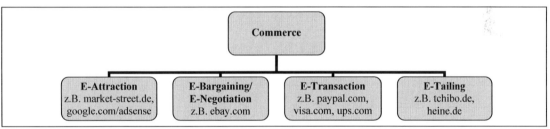

Abbildung 19: Das Geschäftsmodell Commerce

Context[118]

Das Geschäftsmodell Context ist insbesondere durch die Präsenz und Zunahme erheblicher Mengen an Daten und Informationen im Internet entstanden. Context-Anbieter systematisieren und klassifizieren die im Internet verfügbaren Informationen und bieten dem Nutzer themenspezifisch aggregierte Navigations- bzw. Orientierungshilfen an. Ziel dieses Ge-

---

[117] Vgl. *Wirtz* 2006, 594-596.

[118] Vgl. *Wirtz* 2006, 596-598.

schäftsmodells ist eine Erhöhung der Markttransparenz und eine Verbesserung der Orientierung für den Nutzer. Die wichtigsten Varianten aus dem Bereich Context sind Suchmaschinen und Web-Kataloge.

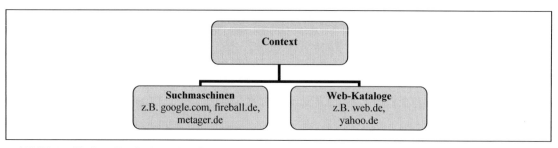

Abbildung 20: Das Geschäftsmodell Context

Connection[119]

Der Gegenstand des Geschäftsmodells Connection ist die Herstellung der Möglichkeit eines Informationsaustausches in Netzwerken. Somit werden Interaktionen von Akteuren in virtuellen Netzwerken ermöglicht, die in der physischen Welt aufgrund von Kommunikationsbarrieren und/oder prohibitiv hohen Transaktionskosten nicht realisierbar wären. Das Geschäftsmodell Connection differenziert auf der zweiten Ebene zwischen der Variante Intra-Connection, die das Angebot von kommunikativen Dienstleistungen innerhalb des Internets beschreibt und der Variante Inter-Connection, welche den Zugang zu physikalischen Netzwerken ermöglicht.

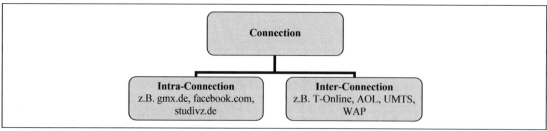

Abbildung 21: Das Geschäftsmodell Connection

4.1.2 Systematisierung nach Transaktionsbeziehungen im Electronic Business

„Electronic Business bedeutet Anbahnung, Vereinbarung und Abwicklung elektronischer Geschäftsprozesse, d.h. Leistungsaustausch mit Hilfe öffentlicher oder privater Kommunika-

---

[119] Vgl. *Wirtz* 2006, 598-600.

48

tionsnetze respektive Internet, zur Erzielung einer Wertschöpfung."[120] Zu den Akteuren des Electronic Business gehören somit die Unternehmen (Business), die öffentlichen Institutionen (Administration), sowie die privaten Konsumenten (Consumer). Jeder dieser Teilnehmer kann als Anbieter oder Nachfrager von Leistungen auftreten. So ergeben sich insgesamt neun grundsätzliche Geschäftsbeziehungen.[121] Im Business-to-Consumer (B2C) und Business-to-Business (B2B) Bereich bieten Unternehmen Produkte und Dienstleistungen für Kunden oder weitere Untenehmen an. Sie werden daher als die beiden Optionen des elektronischen Handels (Electronic Commerce oder eCommerce) bezeichnet.[122] Eine Variante im B2C Bereich ist mitunter das Betreiben eines elektronischen Ladens durch ein Unternehmen. Als populäres Praxisbeispiel wäre hier Amazon einzuordnen. Die Option B2B stellt eine Lieferantenbeziehung zwischen Unternehmen dar, die beispielsweise Akteure der selben Wertschöpfungskette sind. So dient auch diese Konstellation von Marktteilnehmern letztendlich der Bedürfnisbefriedigung und damit der Nutzengenerierung auf der Konsumentenseite (Consumer). Eine weitere Variante von Austauschbeziehungen wird als Electronic Government (eGovernment) bezeichnet. Hierzu gehören die Konstellationen A2A, A2B sowie A2C, wobei der Buchstabe A für Administration steht und sowohl öffentliche Verwaltungen als auch Non-Profit Organisations (NPOs) umschließt. Der Buchstabe C steht in diesem Zusammenhang sowohl für Consumer als auch für Citizen (Bürger). Im Bereich Consumer-to-Consumer hat sich eine weitere Variante herauskristallisiert, die Peer-to-Peer (P2P) Variante.[123] Der P2P Bereich ist weniger durch kommerzielle Transaktionen gekennzeichnet, sondern lebt von Interaktionen zwischen verschiedenen Communities (Peers).[124] Prominentes Beispiel aus diesem Bereich ist die Internetmusikseite Napster, die es ihren Nutzern ermöglichte, Musiktitel untereinander auszutauschen, indem die Festplatten anderer angemeldeter Nutzer nach MP3-Dateien durchsucht und diese anschließend zur Verfügung gestellt wurden. Aus rechtlichen Gründen musste die Seite im Februar 2001 diese Art des freien Musikaustauschs einstellen.

---

[120] *Meler/Stormer* 2005, 2.

[121] Vgl. *Hermanns/Sauter* 1999, 23.

[122] Vgl. *Meier/Stormer* 2005, 2.

[123] Vgl. *Wirtz* 2001b, 94.

[124] Vgl. *zu Knyphausen-Aufseß/Meinhardt* 2002, 68.

	Nachfrager der Leistung		
	Consumer	**Business**	**Administration**
Consumer	**Consumer-to-Consumer C2C** z.B. Kleinanzeige auf einer persönlichen Homepage	**Consumer-to-Business C2B** z.B. Jobbörsen mit Anzeigen von Arbeitssuchenden	**Consumer/Citizen-to-Administration C2A** z.B. Steuerabwicklung von Privatpersonen
Business	**Business-to-Consumer B2C** z.B. Produkte und Dienstleistungen in einem eShop	**Business-to-Business B2B** z.B. Bestellung bei Lieferanten (Supply Chain)	**Business-to-Administration B2A** z.B. Steuerabwicklung von Unternehmen
Administration	**Administration-to-Consumer/Citizen A2C** z.B. Möglichkeit für elektronische Wahlen	**Administration-to-Business A2C** z.B. öffentliche Ausschreibungen von Projektvorhaben	**Administration-to-Administration A2A** z.B. Transaktionen zwischen öffentlichen Institutionen

(Anbieter der Leistung)

Tabelle 2: Transaktionsbeziehungen im E-Business[125]

4.1.3 Systematisierung nach Koordinationsmechanismen

Internetbasierte Geschäftsmodelle lassen sich anhand der verwendeten Koordinationsmechanismen zwischen den einzelnen Wirtschaftssubjekten kategorisieren. Hierbei unterscheidet man, unabhängig von den neuen Medien, zwei Arten von Koordinationsmechanismen bei Transaktionen zwischen Wirtschaftssubjekten: Märkte und Hierarchien.[126] Während beim Markt die Koordination der Wirtschaftssubjekte über Angebot und Nachfrage erfolgt, sind bei Hierarchien die Koordinationsformen durch Unter- und Überordnung der Wirtschaftssubjekte geprägt. Charakteristische hierarchische Koordinationsmechanismen sind Weisung, Anordnung und Kontrolle der Umsetzung. Marktteilnehmer dagegen agieren autonom, d.h. es

---

[125] In Anlehnung an *Hermanns/Sauter* 1999, 23.
[126] Vgl. *Coase* 1937, 386-405.

herrscht bis auf den Kaufvertrag keine weitere Bindung.[127] Zwischen den beiden Extremen Markt und Hierarchie existieren Hybridformen.[128] Eine Reihe von Autoren bezeichnen solche Hybridformen als Netzwerke.[129] Diese Grundkoordinationsmechanismen werden durch das neue Medium Internet unterstützt und effizienter gestaltet. In diesem Zusammenhang spricht man von elektronischen Märkten und elektronischen Hierarchien. Im Folgenden werden elektronische Märke, elektronische Hierarchien sowie Hybridformen als Ausprägungen internetbasierter Geschäftsmodelle beschrieben.

Elektronische Märkte

„Elektronische Märkte sind […] Medien, die Agenten ortsunabhängig den marktlichen Tausch ermöglichen und sie in allen Transaktionsphasen mit von ihnen benötigten Funktionen und gewünschten Dienstleistungen unterstützen."[130] Bei elektronischen Märkten ist die Teilnahme an Transaktionen zwanglos und innerhalb einer Gruppe von gleichberechtigten Marktpartnern. Die Abgrenzung elektronischer Märkte gegenüber elektronischen Hierarchien und Hybridformen erfolgt über den Marktgedanken, d.h., die Transaktionen werden durch Angebot und Nachfrage bestimmt.

Elektronische Hierarchien

In elektronischen Hierarchien erfolgt die Koordination über Planung und Kontrollmechanismen zwischen unter- und übergeordneten Wirtschaftssubjekten. Hier entscheidet allein das Management und nicht die Marktteilnehmer über das Design, den Preis, die Menge und den Zeitplan, in dem Produkte von einer Wertschöpfungsstufe zur nächsten gelangen.[131] Die Beziehungen zwischen den einzelnen Transaktionspartnern sind von vornherein festgelegt und auf Dauer angelegt, wodurch Informationsbeschaffungskosten bezüglich diverser Transaktionspartner sowie Verhandlungskosten mit diesen wegfallen.

Hybridformen

In der Unternehmenspraxis enthalten internetbasierte Geschäftsmodelle sowohl marktliche als auch hierarchische Komponenten und lassen sich nicht einer der Extremformen Markt oder

---

[127] Vgl. *Stahler* 2002, 56.

[128] Vgl. *Williamson* 1999, 281.

[129] Vgl. u.a. *Sydow* 1992, 102; *Ebers* 1994, 22-48.

[130] *Schmid* 1999, 32.

[131] Vgl. *Malone/Yates/ Benjamin* 1987, 485.

Hierarchie zuordnen. Dieses Konglomerat von marktlichen und hierarchischen Ausprägungen wird unter dem Begriff Hybridform subsumiert. „Unternehmen stehen nicht vor einer Entweder-Oder-Entscheidung, sondern es herrscht eine Sowohl-Als-Auch-Beziehung zwischen elektronischen Märkten und elektronischen Hierarchien."[132]

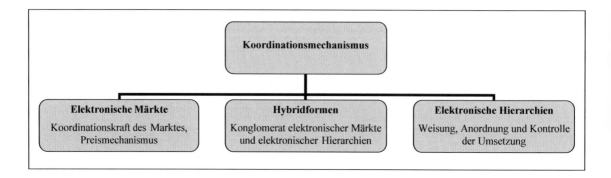

Abbildung 22: Koordinationsmechanismen internetbasierter Geschäftsmodelle

4.1.4 Systematisierung nach der Unternehmensstruktur

Ein weiteres wichtiges Merkmal internetbasierter Geschäftsmodelle ist die Differenzierung zwischen Unternehmen die ausschließlich im Internet agieren (Pure-Play) und Unternehmen die auch außerhalb des Mediums Internet agieren (Clicks-and-Mortar).[133] Im Gegensatz zum Pure-Play Geschäftsmodell bezieht sich das Clicks-and-Mortar Geschäftsmodell auf die Verbindung der traditionellen Weisen ein Geschäft durchzuführen, mit den Vorteilen die das neue Medium Internet bietet. So haben Unternehmen die eine Clicks-and-Mortar Strategie verfolgen, die Möglichkeit gänzlich auf ein internetbasiertes Erlösmodell zu verzichten, da sie ihre Erträge auf traditionelle Art und Weise erwirtschaften können und das Medium Internet beispielsweise nur zur Prestigesteigerung nutzen.

[132] *Stähler* 2002, 58.

[133] Vgl. *Chen* 2003, 27-28.

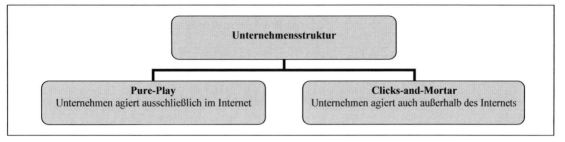

Abbildung 23: Unternehmensstruktur im E-Business

4.1.5 Business-Webs nach Tapscott, Ticoll und Lowy

Tapscott, Ticoll und Lowy identifizieren fünf Typen von Business-Webs (B-Webs), die nach den Dimensionen Kontrolle und Wertintegration differenziert werden. Unter B-Webs werden Geschäftsmodelle verstanden, die durch das Internet ermöglicht wurden. Diese fünf Typen sind im Einzelnen die Agora, die Aggregation, die Value Chain, die Alliance sowie das Distributive Network.[134]

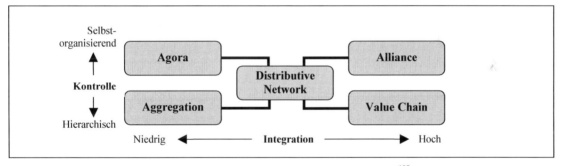

Abbildung 24: Die Typisierung der B-Webs nach Tapscott, Ticoll und Lowy[135]

Agora[136]

Eine Agora bezeichnet einen Markt, auf dem Käufer und Verkäufer zusammenkommen, um frei über Produkte bzw. Dienstleistungen und ihren Wert zu verhandeln. Die Agora dient dem Austausch zwischen Käufern und Verkäufern, um im Verlauf ihrer Verhandlungen gemeinsam einen Preis zu finden. Der Preis wird für jede Transaktion direkt ausgehandelt und ist

---

[134] Vgl. *Tapscott/Ticoll/Lowy* 2000, 30-36.

[135] Quelle: *Tapscott/Ticoll/Lowy* 2000, 28.

[136] Vgl. *Tapscott/Ticoll/Lowy* 2000, 39-66.

nicht von vornherein festgesetzt. Damit zeichnet sich die Agora durch eine dynamische Preisbildung aus. Die Käufer und Verkäufer erhalten einen Nutzen durch die Bereitstellung eines liquiden Marktes seitens der Agora. „Ein Markt ist dann liquide, wenn er eine größt-mögliche Anzahl von Anbietern und Nachfragern nach einem Gut aufweist, so dass ein Gut zu vorteilhaften Konditionen in Geld umgewandelt werden kann."[137] Mit dem Begriff Agora wurde in der griechischen Antike ein Markt- und Versammlungsplatz bezeichnet, wobei der Begriff oftmals als Analogie für Marktplätze im Internet verwendet wird.[138]

Aggregation[139]

In einer Aggregation führt eine Unternehmung ein B-Web auf hierarchische Weise und erfüllt die Funktion eines wertschöpfenden Intermediären zwischen einer Vielzahl von Produzenten und Konsumenten. Der Aggregator übernimmt die Verantwortung für die Auswahl der angebotenen Produkte und Dienstleistungen, segmentiert seine Kunden, legt Preise fest und gewährleistet eine reibungslose Geschäftsabwicklung. Preise und Rabattprogramme sind in der Regel fest und nicht verhandelbar. Der Kundennutzen wird generiert durch die optimale Kombination der getroffenen Selektion, die Organisation des Angebots, die feste Preisgestal-tung, die Convenience des Kaufs sowie die Abwicklung des Kaufs. Die Aggregation nutzt die Möglichkeiten des neuen Mediums Internet, um für seine Kunden Lösungen anzubieten, die in dieser Form durch den Einsatz traditioneller Medien nicht möglich wären. Ein B-Web von Typ Aggregator kann folglich als digitaler Supermarkt verstanden werden.

Value Chain[140]

In einer Wertschöpfungskette strukturiert und lenkt ein Integrator die verschiedenen Wert-schöpfungsaktivitäten der vorgelagerten Wertschöpfungspartner, um so seinen Kunden ein hoch integriertes Produkt anzubieten. Ein Integrator produziert selbst keine Produktkompo-nenten, sondern wirkt als Kontextanbieter. Die Koordination der einzelnen Wertschöpfungs-partner erfolgt über Informationssysteme, die über die Grenzen einzelner Unternehmungen hinaus miteinander vernetzt sind. Folglich kontrolliert ein B-Web vom Typ Value Chain die Gestaltung eines Produkts und lenkt die Schritte zur Wertintegration.[141]

---

[137] *Stähler* 2002, 61-62.

[138] Vgl. *Schmid* 1999, 32.

[139] Vgl. *Tapscott/Ticoll/Lowy* 2000, 67-92.

[140] Vgl. *Tapscott/Ticoll/Lowy* 2000, 93-118.

[141] Vgl. *Meier/Stormer* 2005, 33.

Alliance[142]

Die Allianzen zeichnen sich durch eine hohe Integration der Wertschöpfung und zugleich einem hohen Maß an Selbstorganisation aus. Allianzen sind lose gekoppelte und selbst organisierte Partnernetze, die eine gemeinsame Zielsetzung verfolgen, in dem die einzelnen Teilnehmer ihre spezifischen Kernkompetenzen einbringen. „Ein B-Web vom Typ Allianz ist ein dynamisches Gebilde gleichberechtigter Partner, das sich bei wechselnden Herausforderungen jeweils neu organisiert und weiterentwickelt."[143] Das Zusammenspiel der einzelnen Teilnehmer wird durch einige, wenige Verhaltensregeln geleitet, die sich im Laufe der Zeit als akzeptabel herauskristallisiert haben.

Distributive Network[144]

Das Distributionsnetz ist dafür zuständig, die Wirtschaft am Leben zu erhalten und ihre Mobilität zu ermöglichen. Dieser B-Web Typ kann auch als die Infrastrukturschicht der digitalen Netzwerkökonomie bezeichnet werden.[145] Distributionsnetze dienen als Verteilungsnetzwerke, die materielle und immaterielle Produkte vom Anbieter zum Nutzer bringen. Folglich übernehmen Distributionsnetze die Abwicklung der übrigen B-Web Typen.

---

[142] Vgl. *Tapscott/Ticoll/Lowy* 2000, 119-141.

[143] Vgl. *Meier/Stormer* 2005, 36.

[144] Vgl. *Tapscott/Ticoll/Lowy* 2000, 143-165.

[145] Vgl. *Stähler* 2002, 64.

	Agora	Aggregation	Value Chain	Allianz	Distributive Network
Hauptmerkmal	Dynamische Preisbildung	Auswahl und Convenience	Prozess-integration	Kreativität	Zuweisung/ Allokation
Nutzen-versprechen	Liquidität – wünschenswerte Preise für Produkte	Optimierung des Angebots, der Organisati-on, des Preises, der Convenien-ce und der Abwicklung	Design und Lieferung eines integrierten Produktes nach spezifischen Kunden-anforderungen	Kreative gemeinschaft-liche Arbeit zum Erreichen eines gemeinsamen Ziels	Förderung des Austausches von Informati-onen, Waren und Diensten
Kundenrolle	Marktteilnehmer	Käufer	Wertschöpf-ungspartner	Beitragender	Sender/ Empfänger
Schlüssel-Prozess	Preisbildungs-prozess	Bedürfnis Überein-stimmung	Produktdesign Supply Chain Management	Innovation	Distribution
Beispiele	eBay AdAuction Xetra	Amazon E*Trade	Cisco Systems Dell	AOL Linux Music.download	UPS AT&T Telekom

Tabelle 3: Zentrale Merkmale von B-Web-Typen[146]

4.2 Entwicklung einer Geschäftsmodellmatrix

Mit Hilfe der oben beschriebenen Dimensionen wird nachfolgend eine Geschäftsmodellmatrix zur Systematisierung internetbasierter Geschäftsmodelle entwickelt. Wie oben bereits aufge-führt wird das Geschäftsmodell zunächst isoliert vom Erlösmodell betrachtet. Auch in der Unternehmenspraxis, speziell im Web 2.0 ist es „[…] zunächst nicht ungewöhnlich, ohne ein dezidiertes Ertragsmodell an den Markt zu gehen."[147] Hier stehen Innovationen in der Archi-tektur der Leistungserstellung verbunden mit Nutzengenerierung im Mittelpunkt. Dement-sprechend werden neue Geschäftsideen im Web 2.0 auch ohne Erlösstrategie umgesetzt, um

---

[146] In Anlehnung an *Tapscott/Ticoll/Lowy* 2000, 30.

[147] *Mörl/Groß* 2008, 89.

dann ihre Entwicklung zu verfolgen – frei nach dem Motto: „Wenn die Nutzer kommen, dann kommen auch die Finanzierungsmöglichkeiten."[148]

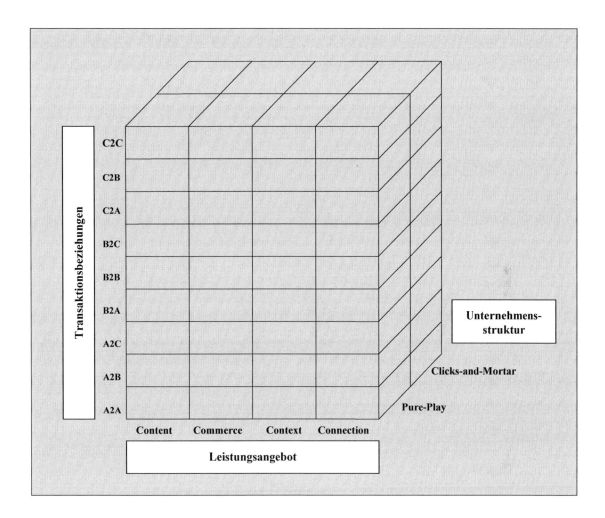

Abbildung 25: Geschäftsmodellmatrix ohne Erlösmodell

Internetbasierte Geschäftsmodelle werden mit Hilfe dieser Matrix nach den drei Dimensionen Leistungsangebot (4C-Net-Business-Modell nach Wirtz),[149] Unternehmensstruktur[150] sowie den relevanten Marktteilnehmern (Transaktionspartnern)[151] systematisiert. In der Praxis ist es durchaus nicht unüblich, dass ein Geschäftsmodell mehrere Elemente einer Dimension enthält.

---

[148] *Hellmannn* 2007, 33.

[149] Vgl. Kapitel 4.1.1.

[150] Vgl. Kapitel 4.1.4.

[151] Vgl. Kapitel 4.1.2.

4.3 Entwicklung einer Erlösmodellmatrix

Die Festlegung eines Erlösmodells, mit dessen Hilfe sich ein Unternehmen refinanziert, ist ein zentraler Bestandteil des Geschäftsmodells. Mit der Kommerzialisierung des Internets haben sich eine Vielzahl von zum Teil sehr komplexen Erlösmodellen entwickelt. Die unterschiedlichen Erlösmodelle lassen sich anhand verschiedener Varianten bezüglich ihrer Bestandteile, Erlösquelle bzw. Erlösform voneinander unterscheiden. Dabei werden, wie weiter oben bereits erläutert, Erlösquellen im Internet in die Kategorien Produkte, Kontakte und Informationen unterteilt. Bei der Erlösform unterscheidet man direkte versus indirekte Erlösgenerierung sowie transaktionsabhängige versus transaktionsunabhängige Erlösgenerierung.[152] Anhand dieser Unterscheidungsmerkmale wird nachfolgend eine Erlösmodellmatrix entwickelt, mit deren Hilfe internetbasierter Erlösmodelle systematisiert werden können.

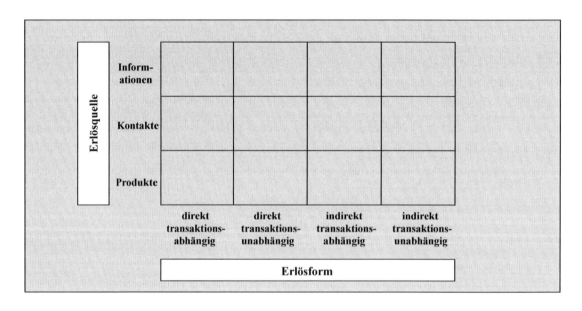

Abbildung 26: Erlösmodellmatrix

4.4 Der Geschäftsmodell-Cube

Die oben entwickelten Matrizen werden nunmehr miteinander kombiniert, so dass ein in sich geschlossener Geschäftsmodell-Cube (GmC) entsteht. Dieser GmC unterscheidet folglich 72

---

[152] Vgl. Kapitel 3.4.

verschiedene Geschäftsmodelltypen bezüglich der Dimensionen Leistungserstellung, Transaktionsbeziehungen sowie Unternehmensstruktur. Auf jeden dieser Typen lässt sich die Erlösmodellmatrix mit ihren acht Ausprägungen bezüglich der Dimensionen Erlösform und Erlösquelle anwenden. Dementsprechend gewährleistet der GmC eine strukturierte Systematisierung internetbasierter Geschäftsmodelle in 576 verschiedene Geschäftsmodelltypen. In der Internetökonomie werden häufig verschiedene Elemente einer Dimension miteinander kombiniert, mit dem Ziel, höhere Erträge zu erwirtschaften. Als Beispiele wären hier die Verknüpfung von Transaktionsbeziehungen in B2B Segment mit dem B2C Segment zu nennen oder in der Dimension Leistungsangebot das Konglomerat von Content und Commerce. Auch bezüglich des Erlösmodells lassen sich verschiedene Erlösformen bzw. Erlösquellen miteinander kombinieren. Grundsätzlich sind bei der Konzeptionisierung internetbasierter Geschäftsmodelle der Kreativität keine Grenzen gesetzt. Abbildung 30 bildet das Geschäftsmodell eines Pure- Players mit dem Leistungsangebot Commerce im B2B Segment mit der Erlösquelle Produkte und seiner direkten transaktionsunabhängigen Erlösform ab.

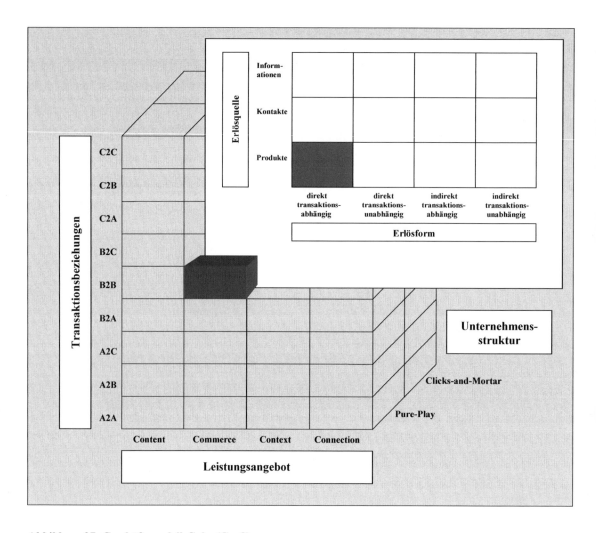

Abbildung 27: Geschäftsmodell-Cube (GmC)

In der Unternehmenspraxis hat sich gezeigt, dass die Auswahl und Kombination verschiedener Geschäftsmodellelemente maßgeblich zum Erfolg bzw. Misserfolg einer Unternehmung beiträgt. So haben sich bestimmte Erfolg versprechende Kombinationen herauskristallisiert, die in der Unternehmenspraxis besonders stark vertreten sind.

4.4.1 Einordnung der B-Web Typen in den GmC

Zu den wohl populärsten Geschäftsmodellkombinationen im Internet gehören die fünf von Tapscott, Ticoll und Lowy definierten B-Web Typen, die bereits weiter oben erläutert wurden.[153] Nachfolgend werden diese B-Web Typen im GmC eingeordnet und systematisiert.

---

[153] Vgl. Kapitel 4.1.5.

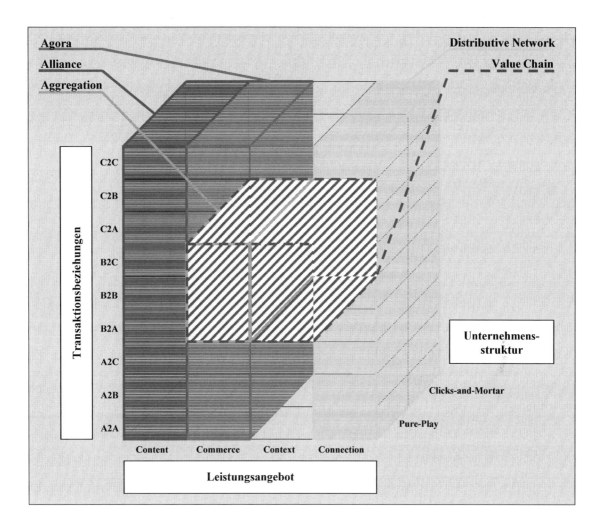

Abbildung 28: Einordnung der B-Web Typen in den GmC

Die Autoren gehen bei der Definition ihrer B-Web Typen nicht auf unterschiedliche Strategien von Pure-Play bzw. Clicks-and-Mortar basierenden Geschäftsmodellen ein. Grundsätzlich lassen sich allerdings alle fünf B-Web Typen sowohl auf Clicks-and-Mortar als auch auf Pure-Play Strategien anwenden. Da bei keinem der fünf B-Web Typen ein Erlösmodell spezifiziert wird, kann auf die Systematisierung bezüglich der Dimensionen Erlösquelle und Erlösform verzichtet werden. Die Erlösmodellmatrix wird dementsprechend gänzlich außer Acht gelassen. Wie man unschwer im GmC erkennen kann, decken die Agora, die Alliance sowie das Distributive Network alle neun Transaktionsbeziehungen von Administration-to-Administration bis Consumer-to-Consumer ab. Die Agora ist in der Dimension Leistungsangebot dem Commerce zugeordnet, die Alliance findet man im Content Segment, das Distributive Network im Connection Segment. Die B-Webs vom Typ Aggregation und Value Chain beschränken sich bei ihren Transaktionsbeziehungen auf die Bereiche B2A, B2B und B2C. In der Dimension Leistungsangebot lässt sich die Aggregation dem Segment Commerce zuord-

61

nen, wobei der B-Web Typ Value Chain sowohl die Bereiche Commerce als auch Context abdeckt. Tapscott, Ticoll und Lowy differenzieren ihre B-Webs nach der Dimension Kontrolle, d.h. hierarchisch versus selbst-organisierend und der Dimension der Wertintegration.[154] Die so entstandenen B-Web Typen beschreiben Geschäftsmodelle sehr allgemein und lassen keine detaillierte Systematisierung zu. Im Folgenden wird das Geschäftsmodell von eBay, das nach Tapscott, Ticoll und Lowy zu dem B-Web Typ Agora gehört,[155] mit Hilfe des GmC genauer systematisiert.

4.4.2 Einordnung des Geschäftsmodells von eBay in den GmC

Das Internetauktionshaus eBay war das erste Unternehmen, das Consumer-to-Consumer Auktionen im großen Stil ermöglichte.[156] Seit seiner Gründung im September 1995, damals noch unter dem Namen Auctionweb, haben etliche Unternehmen das Potenzial der Plattform für sich erkannt und nutzen eBay um potenziellen Kunden ihre Produkte anzubieten. So ist das Unternehmen mittlerweile nicht mehr ausschließlich im Consumer-to-Consumer Segment vertreten, sondern hat seine Transaktionsbeziehungen auf den Business-to-Consumer Bereich ausgebaut. eBay gehört zur Gruppe der Pure-Player, da es sich ausschließlich auf das Medium Internet konzentriert.

---

[154] Vgl. *Tapscott/Ticoll/Lowy* 2000, 29-30.

[155] Vgl. *Tapscott/Ticoll/Lowy* 2000, 30.

[156] Vgl. *Amit/Zott* 2001, 508.

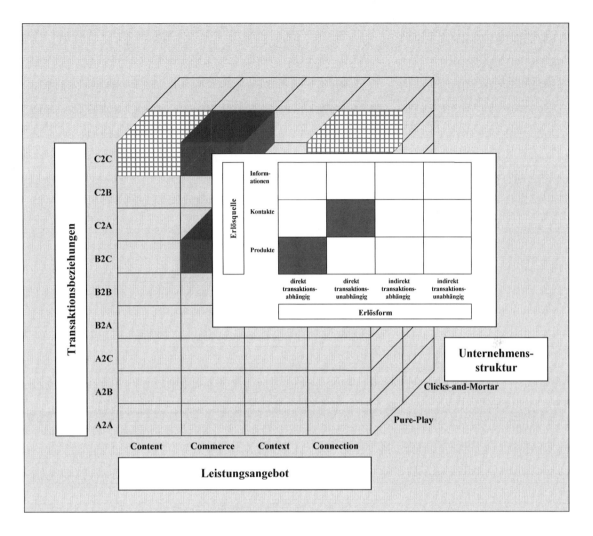

Abbildung 29: Geschäftsmodell von eBay im GmC

Das Erlösmodell der Unternehmung gliedert sich in der Dimension Erlösquelle in die Elemente Produkte und Kontakte. Das Produkt bildet dabei die Auktionsplattform an sich. Sie ist es, die einen Mehrwert für Anbieter und Nachfrager, seien es nun Unternehmen oder private Konsumenten, generiert. Darüber hinaus bietet eBay Werbetreibenden die Möglichkeit, online Kampagnen mit klassischen Werbemitteln zu buchen, um so mit potenziellen Kunden in Kontakt zu treten. Die Erlösquelle Produkte wird in der Dimension Erlösform direkt und transaktionsabhängig abgerechnet. So fällt für jeden Anbieter der die Plattform als Marktplatz nutzt, eine Angebotsgebühr an, deren Bemessungsgrundlage die Höhe des Startpreises (bei Auktionen) bzw. Festpreises (bei Festpreisangeboten) ist. Zusätzlich erhält eBay bei einem Kaufabschluss eine Verkaufsprovision, die abhängig von dem jeweils erzielten Verkaufspreis zu entrichten ist. Des Weiteren bietet eBay seinen Kunden spezielle Pauschalen an, die insbesondere auf Anbieter aus dem Businessbereich zugeschnitten sind. So verfügt eBay bei seiner Haupterlösquelle über ein Konglomerat von komplexen direkten und transaktionsabhängigen Abrechnungsarten.[157] Die Erlösquelle Kontakte wird von eBay direkt und transaktionsunabhängig abgerechnet. Werbeeinblendungen werden ausschließlich über den Tausendkontaktpreis (TKP) abgerechnet.[158] Im Rahmen des Web 2.0 nutzt eBay neue Möglichkeiten, um sein Geschäftsmodell weiter in Richtung gemeinschaftliches Produkt auszubauen. Teilnehmer sollen nicht mehr nur ausschließlich als Käufer und Verkäufer tätig werden, sondern sich als Teil einer Gemeinschaft bzw. eines sozialen Netzwerkes fühlen. Dementsprechend erlaubt eBay seinen Usern Blogs zu erstellen und unterstützt die Sprachkommunikation zwischen den einzelnen Transaktionspartnern via Voice over IP[159]. So ermöglicht eBay seinen Kunden, Informationen über angebotene Produkte zu beziehen oder sich in Foren auszutauschen.[160] Das klassische Leistungsangebot Commerce wird infolgedessen nach und nach durch Content und Connection Leistungen im Consumer-to-Consumer Segment erweitert, was im GmC durch Gitterbausteine an den entsprechenden Stellen verdeutlicht wird.

---

[157] Vgl. *eBay Gebühren* 2008.

[158] Vgl. *eBay Mediadaten* 2008.

[159] Bezeichnung für Telefonie über das Internet.

[160] Vgl. *Kowalewsky* 2006, 37.

5 Konzeptionisierung internetbasierter Geschäftsmodelle

Nach Bieger, Rüegg-Stürm und von Rohr müssen bei der Konzeptionisierung internetbasierter Geschäftsmodelle folgende acht Trends berücksichtigt werden:[161]

- Aufgrund der weltweit zugänglichen Angebotsvielfalt und des Trends zum Global Sourcing bzw. Global Buying „[…] wird eine konsequente Orientierung des Unternehmens an einer relevanten Kundengruppe notwendig."[162] Für diese Kundengruppe muss das Leistungssystem der Unternehmung einen maximalen Nutzen generieren, damit es sich im relevanten Markt etablieren kann.

- Leistungen und Produkte müssen im Zeitalter der Reizüberflutung im Denken von Einzelnen und Communities verankert werden.[163] Nur so ist es möglich, in der unternehmensunabhängigen Consumer-to-Consumer Kommunikation einen positiven und prominenten Platz einzunehmen und eine langfristige Kundenbindung zu gewährleisten.

- In vielen Geschäftsbereichen werden durch das eigentliche Kerngeschäft nicht mehr genügend Einnahmen erwirtschaftet. So haben sich aufgrund der Informationsvernetzung immer mehr Kerngeschäfte zu eigentlichen Netzgeschäften entwickelt. Bedingt durch Netzeffekte und des daraus resultierenden Wettbewerbs um Marktanteile, müssen im Kerngeschäft die Grenzkostenpreise oft weit unter den Durchschnittskosten angesetzt werden. Des Weiteren „[…] ist eine Unternehmung im Bereich ihres Kerngeschäfts viel mehr der kritischen Aufmerksamkeit der Verbraucher ausgesetzt."[164] Folglich können dort die Preise nicht beliebig variiert werden. Angesichts dieser Problematik müssen Unternehmen ihre Nebengeschäfte konsequent kommerzialisieren, um wettbewerbsfähig zu bleiben.

- Investoren legen den Wert einer Unternehmung auf der Basis der zukünftigen diskontierten Cashflows fest. Diese Cashflows werden signifikant vom Unternehmenswachstum bestimmt. Somit hängt der Wert eines Unternehmens sehr stark von dessen Wachstumskonzept ab.

---

[161] Vgl. *Bieger/Ruegg-Sturm/von Rohr* 2002, 48-50.

[162] Vgl. *Bieger/Rüegg-Stürm/von Rohr* 2002, 48.

[163] Vgl. *Franck* 1998, 150-151.

[164] Vgl. *Bieger/Rüegg-Stürm/von Rohr* 2002, 49.

- Viele Leistungen werden heute in Unternehmensnetzwerken erbracht, da sich einzelne Unternehmen im Wettbewerb zunehmend auf ihre Kernkompetenzen konzentrieren müssen. So sind sie gezwungen, Kooperationen einzugehen, um ergänzende Kernkompetenzen auf dem Markt einzukaufen und ihre Eigenen zu vermarkten.

- Internetbasierte Geschäftsmodelle beanspruchen eine Vielzahl von Kompetenzen seitens der einzelnen Unternehmen. „Die Kompetenz der Kundenbindung ist ebenso wichtig wie die Kompetenz der laufenden Erfassung der sich ändernden Kundenbedürfnisse und die Kompetenz zur Handhabung von Ertragssystemen."[165] Ein Unternehmen muss angesichts dieser Menge an notwendigen Kompetenzen festlegen, wo sie ihr eigenes Kernengagement sieht.[166]

- Für ein Unternehmen ist die optimale Selektion seiner Kooperationspartner von besonderer Bedeutung, da diese mit der Entwicklung der eigenen Unternehmung Schritt halten müssen. Somit darf sich ein Unternehmen bei der Auswahl geeigneter Partner nicht ausschließlich an den momentan angebotenen Leistungen orientieren, sondern muss in erster Linie ihr Entwicklungspotenzial berücksichtigen.

- Abschließend muss für das gesamte Geschäftsmodell, respektive seiner einzelnen Teilmodelle, ein Koordinationsmodell festgelegt werden. Dabei werden Koordinationsmechanismen zwischen den polaren Ausprägungen Markt und Hierarchie gewählt.[167]

Diese acht Trends sollen und müssen bei der Konzeptionisierung eines internetbasierten Geschäftsmodells berücksichtigt werden, wenn dieses einen langfristigen Unternehmenserfolg gewährleisten soll. In Anlehnung an diese Trends und unter Einbeziehung des oben entwickelten Geschäftsmodell-Cubes wird im Folgenden eine Anleitung zur Konzeptionisierung internetbasierter Geschäftsmodelle gegeben.

---

[165] *Bieger/Rüegg-Stürm/von Rohr* 2002, 49.

[166] Vgl. *Sieber* 1999, 245-246.

[167] Vgl. *Williamson* 1999, 281.

5.1 Geschäftsidee

Die Grundlage für internetbasierte Geschäftsmodelle bilden Ideen, die in digitale Code transformiert werden. Im Unterschied zu physikalischen Gegenständen unterliegen Ideen nicht dem Gesetz des Mangels, sondern sind unbegrenzt verfügbar und allein durch die menschliche Vorstellungskraft und Kreativität beschränkt.[168] Die Existenz einer Geschäftsidee, muss somit als grundlegende Voraussetzung für die Entwicklung eines Geschäftsmodells angesehen werden.[169] Beinhaltet die Geschäftsidee ein völlig neues Produkt oder eine neue Dienstleistung, so gibt es noch keinen Markt und keine konkreten Anhaltspunkte, wie die Vermarktung optimal umgesetzt werden kann. Hier obliegt es dem Gründer besonders, potenzielle Investoren von seiner Idee und seinen Visionen zu überzeugen. „Er muss die Bank davon überzeugen, dass er Erfolg haben wird. Entsprechend gründlich muss er sein Geschäftskonzept ausarbeiten."[170] Die Zeiten, in denen Geschäftsideen, die eng mit dem Medium Internet verknüpft sind, von Investoren mit schwindelerregenden Bewertungen begrüßt wurden, sind seit dem Platzen der Dotcom-Blase im März 2000 vorbei.[171] Dennoch bietet das so rasant wachsende Medium Internet gerade jungen Startup-Unternehmen, die über ein geringes Budget verfügen, ein optimales Umfeld innovative Geschäftsideen relativ kostengünstig umzusetzen. Besonders zu beachten ist, dass Geschäftsideen, die Internetkommunikation nutzen, nur dort erfolgreich sein werden, wo es dem Kunden nicht auf einen sinnlichen Kontakt mit dem Produkt vor der Kaufentscheidung ankommt.[172]

5.2 Unternehmensstruktur

Ein in der Literatur oft vernachlässigter Bestandteil eines Geschäftsmodellkonzepts stellt die Unternehmensstruktur dar. Die Unternehmensstruktur ist „[…] im instrumentalen Sinn als Gesamtheit von auf Dauer festgelegten Regeln, die der zielgerichteten effektiven und effizienten Erfüllung der Unternehmensaufgabe dienen zu begreifen […]".[173] Im Rahmen der Unternehmensstruktur muss im Hinblick auf internetbasierte Geschäftsmodelle grundsätzlich

---

[168] Vgl. *Stähler* 2002, 201.

[169] Vgl. *Jonda* 2004, 153.

[170] *Egger* 2004, 171.

[171] Vgl. *Castells* 2005, 11-12.

[172] Vgl. *Baum* 2005, 42.

[173] *Wenger* 1999, 181.

zwischen Pure-Player und Clicks-and-Mortar Unternehmen unterschieden werden.[174] Pure-Player sind Anbieter, die nur das Internet als Vertriebskanal nutzen, wie etwa amazon.de, ebay.de, peapod.com oder boo.com.[175] Clicks-and-Mortar (abgeleitet von Bricks and Mortar – Steine und Mörtel) Unternehmen agieren nicht ausschließlich im Medium Internet. Das Clicks-and-Mortar Geschäftsmodell bezieht sich auf die Verbindung der traditionellen Art und Weise ein Geschäft zu führen, mit den Möglichkeiten, die das Internet offeriert, um mit potenziellen Kunden zu interagieren. Als Beispiel wären hier Heine, Quelle oder Neckermann zu nennen, die ihren Versandhandelskunden neben traditionellen Katalogangeboten Waren auch im Internet anbieten.[176] Dementsprechend und unter Einbeziehung des Geschäftsmodell-Cubes, lassen sich internetbasierte Geschäftsmodelle eindeutig dem Segment Pure-Play bzw. dem Segment Clicks-and-Mortar zuordnen.

5.3 Leistungsangebot

Im Zentrum der produktpolitischen Maßnahmen im Internet „[…] steht die Definition des Leistungsangebotes über die wertsteigernde Koproduktion im Sinne einer interaktiven Wertschöpfung."[177] Das Leistungsangebot gibt Aufschluss über die Art und Weise der Leistung, die ein Unternehmen seinen Kunden anbietet, um so Nutzen zu stiften. Optimal ist eine weitgehende Kongruenz zwischen dem Leistungsangebot einer Unternehmung und den individuellen Bedürfnissen einzelner Konsumenten, was speziell im Rahmen des Web 2.0 durch Kundenintegration realisiert werden kann. Diesbezüglich soll in Rahmen einer beziehungsorientierten Produktpolitik eine kundenzentrierte Individualisierung des Leistungsangebotes gewährleistet sein.[178] Somit muss ein Unternehmen bei der Gestaltung seines Leistungsangebots einen „Spagat" zwischen drei divergierenden Teilsystemen leisten.[179]

---

[174] Vgl. *Chen* 2003, 27-28.

[175] Vgl. *Schröder* 2005, 1.

[176] Vgl. *Ziems/Ohlenforst* 2001, 162.

[177] *Hohn* 2001, 86.

[178] Vgl. *Hansen/Bode* 1999, 306.

[179] Vgl. *Hartmann/ Kreutzer/Kuhfuß* 2004, 31.

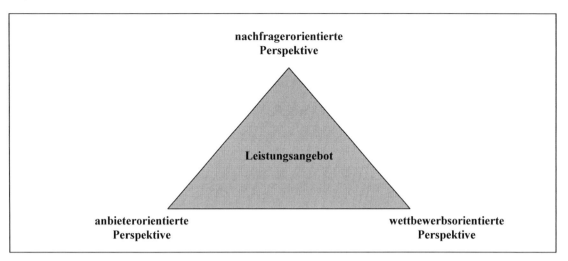

Abbildung 30: Relevante Perspektiven des Leistungsangebots[180]

Aus der anbieterorientierten Perspektive sind Produkte und Inhalte für den Kunden so zu gestalten, dass eine langfristige Ertragssteigerung, einhergehend mit einer Substanzsicherung des Unternehmens gewährleistet ist. Gleichzeitig kann nur unter Einbeziehung der nachfragerorientierten Perspektive ein internetbasiertes Geschäftsmodell langfristigen Erfolg ermöglichen. Denn aus Kundensicht stellt sich nur eine Kernfrage: „Welchen Nutzen habe ich davon?" Da dem Kunden durch das Medium Internet eine Vielzahl von Nutzenversprechen unterbreitet werden, ist seine Erwartungshaltung sehr hoch. Neben der anbieter- und nachfragerorientierten Sichtweise muss bei der Konzeption der Leistungsangebotspalette auch eine wettbewerbsorientierte Perspektive eingenommen werden.[181] Durch intensive Beobachtung und Analyse von Wettbewerbern kann die Unternehmung von den Fehlern anderer lernen und sich so Wettbewerbsvorteile verschaffen. Folglich gibt das Leistungsangebotsmodell Auskunft darüber, welches Leistungsspektrum welchen Nachfrager- bzw. Kundengruppen angeboten werden soll. Wirtz segmentiert das Leistungsangebot dabei in die vier Bereiche Content, Commerce, Context und Connection,[182] in die sich auch die Dimension Leistungsangebot im GmC unterteilt.[183]

---

[180] In Anlehnung an *Hartmann/ Kreutzer/Kuhfuß* 2004, 31.

[181] Vgl. *Hartmann/ Kreutzer/Kuhfuß* 2004, 32.

[182] Vgl. *Wirtz* 2001a, 218.

[183] Vgl. Kapitel 4.1.

5.4 Transaktionsbeziehungen

Nachdem das Leistungsangebot festgelegt ist, stellt sich die Frage, welche Transaktionsbeziehungen das Geschäftsmodell beinhalten soll. In der Literatur zu den „Economics" des Internets findet man hierzu zahlreiche nützliche Anhaltspunkte, um die unterschiedlichen Transaktionsbeziehungen zwischen den involvierten Marktteilnehmern zu charakterisieren.[184] Hermanns und Sauter strukturieren diese Beziehungen mit Hilfe einer Matrix, in der sie drei unterschiedliche Gruppen von Akteuren mit ihren möglichen Geschäftsverbindungen differenzieren.[185] Zu diesen Akteuren gehören die Unternehmen (Business), die öffentlichen Institutionen (Administration), sowie die privaten Konsumenten (Consumer).[186] Die Bestimmung von relevanten Transaktionsbeziehungen ist ein wichtiger Bestandteil bei der Konzeptionisierung internetbasierter Geschäftsmodelle. Dabei kann sich ein Unternehmen auf einzelne Transaktionsbeziehungen spezialisieren oder die gesamte Palette an Transaktionsbeziehungen in sein Geschäftskonzept aufnehmen.[187] Allerdings existieren zwischen den verschiedenen Transaktionsbeziehungen signifikante Unterschiede. Geschäftsbeziehungen im B2B-Segment sind oft von längerer Dauer und höherer Komplexität bzw. Stabilität, da die Beschaffung von Produktionsfaktoren eine strategisch wichtige Komponente für eine Unternehmung darstellt.[188] Hier spielen unter anderem Supply Chain Management oder Just-in-Time-Konzepte eine wichtige Rolle.[189]

Darüber hinaus müssen verschiedene Arten von Transaktionsbeziehungen zwischen den einzelnen Wertschöpfungspartnern berücksichtigt werden. Hierbei lassen sich komplementäre und redundante Transaktionsbeziehungen unterscheiden. Komplementäre Beziehungen zwischen den Wertschöpfungspartnern sind Ausdruck eines hohen Spezialisierungsgrades der einzelnen Netzwerkpartner, wobei sich die einzelnen Wertschöpfungselemente ergänzen.[190] Wurche differenziert hierbei die vier typischen Interaktionsmuster: reziproke Komplementarität, sequentielle Komplementarität, redistributive Komplementarität und Komplementarität bei der Leistungsverwertung. Die reziproke Komplementarität beschreibt den gegenseitigen

---

[184] Vgl. *zu Knyphausen-Aufseß/Meinhardt* 2002, 68.

[185] Vgl. *Hermanns/Sauter* 1999, 23.

[186] Vgl. Kapitel 4.1.2.

[187] Vgl. Kapitel 4.4.

[188] Vgl. *Schütt* 2006, 95.

[189] Vgl. *Davila/Gupta/Palmer* 2003, 22.

[190] Vgl. *Mack* 2002, 190.

Austausch von Leistungen innerhalb kooperativer Vereinbarungen.[191] Hierzu zählen Transaktionsbeziehungen, die auf der Aufteilung und Spezialisierung von Arbeitsschritten und Teilleistungen beruhen, wobei die Teilergebnisse wechselseitig ausgetauscht werden, um allen involvierten Unternehmen die Herstellung des Endproduktes zu ermöglichen.[192] Forschungskooperationen, in denen Partner unterschiedliche Technologien entwickeln und die spezifischen Ergebnisse austauschen, sind ein Beispiel für diese Art von Transaktionsbeziehungen.[193] Besteht ein einseitiger Input-Output-Zusammenhang zwischen den Partnern, so liegt eine sequenzielle Komplementarität vor. Dies ist insbesondere entlang der Wertschöpfungskette des zu erstellenden Produkts der Fall. Der liefernde Partner garantiert dabei die Verfügbarkeit des Inputs, der Abnehmer dessen Abnahme.[194] Unter redistributiver Komplementarität versteht man die Unterstützung eines identischen Vorhabens durch komplementäre Ausstattung der Partner. Als Beispiel sind hier Forschungs- und Entwicklungsarbeiten für die gleiche Technologie oder das gleiche Produkt zu nennen.[195] Besteht eine komplementäre Beziehung der Angebote zweier Unternehmen auf der Leistungsseite, so spricht man von Komplementarität bei der Leistungsverwertung. Diese kann sich auf Produkte, Teilleistungen oder Märkte beziehen. Beispielhaft sind hier Kooperationsbeziehungen zwischen Unternehmen, die auf unterschiedlichen Märkten agieren.[196]

Diese vier Arten der Komplementarität sichern eine effiziente Leistungserstellung in Netzwerken. „Je spezialisierter die einzelnen Netzwerkpartner und damit auch die eingebrachten Wertschöpfungselemente sind, desto höher ist die Bedeutung der Komplementarität […].“[197] In Abgrenzung zur redistributiven Komplementarität, werden bei redundanten Transaktionsbeziehungen völlig gleichartige Aktivitäten von den einzelnen Transaktionspartnern ausgeführt, die zu gleichartigem Output führen. Je nach Wirkung können vier verschiedene Redundanzarten unterschieden werden: Die Sicherheitsredundanz, die Kapazitätsredundanz, die Innovationsredundanz und die Effizienzredundanz.[198] Die Sicherheitsredundanz sorgt durch die Parallelität gleicher Wertschöpfungselemente für eine Erhöhung der Zuverlässigkeit des

---

[191] Vgl. *Tröndle* 1987, 20.

[192] Vgl. *Wurche* 1994, 111.

[193] Vgl. *Mack* 2002, 190.

[194] Vgl. *Wurche* 1994, 112.

[195] Vgl. *Mack* 2002, 191.

[196] Vgl. *Mack* 2002, 191.

[197] *Mack* 2002, 191.

[198] Vgl. *Mack* 2002, 192.

gesamten Aktivitätennetzwerks und reduziert so seine Fehleranfälligkeit.[199] Reicht die Kapazität eines Wertschöpfungselements zur Erbringung des benötigten Leistungsvolumens nicht aus, so sind weitere Wertschöpfungspartner notwendig, um die entsprechende Kapazität im Netzwerk bereitzustellen. Hierbei spricht man von Kapazitätsredundanz. Durch parallele Strukturen können anspruchsvolle, kreative Fortentwicklungen entstehen. Die Innovationsredundanz beschreibt die dadurch gesteigerte Innovationskraft des Netzwerks bzw. der einzelnen Unternehmung. Effizienzredundanzen bauen vorsätzlich Parallelitäten in den Netzwerk-Leistungserstellungsprozess ein, um den Wettbewerb zwischen gleichartigen Wertschöpfungselementen zu steigern. Im Laufe der Zeit können Effizienzverschiebungen auch zum Ausschluss einzelner Unternehmen aus dem aktiven Netzwerk führen. Diese vier Redundanzarten können innerhalb einer Transaktionsbeziehung auch simultan mit unterschiedlicher Gewichtung auftreten. Das optimale Zusammenspiel zwischen Redundanzen und Komplementaritäten ist netzwerkspezifisch und ergibt sich je nach Situation und Netzwerkaufgabe.[200]

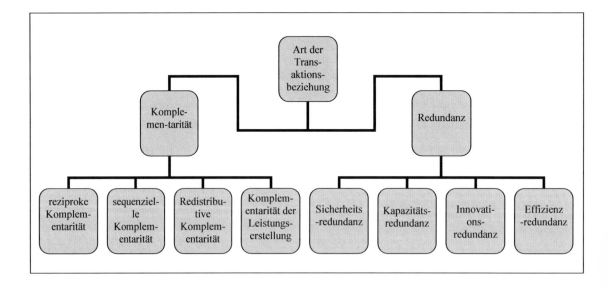

Abbildung 31: Arten von Transaktionsbeziehungen

[199] Vgl. *Staehle* 1991, 326.
[200] Vgl. *Mack* 2002, 193.

5.5 Wachstumskonzept

Vor dem Hintergrund, dass nur ein rentables und dauerhaftes Wachstum wertsteigernd ist, richtet sich das Wachstumskonzept vornehmlich an Kapitalgeber und gibt die intendierte Entwicklungsrichtung des Unternehmens an.[201] Demnach müssen sich Unternehmen fragen, worauf ihr Wachstumskonzept basiert und welche konkreten Ziele erreicht werden sollen.[202] Ein wichtiger Ansatzpunkt für das Wachstum in der Netzwerkbranche und hier speziell im WorldWideWeb, ist die Durchsetzung von Standards. Daneben existieren zahlreiche ergänzende und alternative Wachstumsstrategien.[203] Das Wachstumskonzept hat sich nach Bieger, Rüegg-Stürm und von Rohr unter anderem mit den folgenden zwei Problemstellungen zu beschäftigen:[204]

- Wächst ein Unternehmen im eigenen Markt oder erschließt es sich neue Märkte?
- Wächst ein Unternehmen durch Multiplikation oder durch den Verkauf von Konzepten?

5.6 Kompetenzkonfiguration

Eine wesentliche Intention bei der Konzeptionisierung internetbasierter Geschäftsmodelle betrifft die relevanten Kernkompetenzen.[205] „Innerhalb der Kompetenzkonfiguration sind die unternehmensspezifischen Kompetenzen zu identifizieren und die jeweiligen Fertigkeiten im Aufgabensystem sowie die relevanten Arten, Formen und Inhalte des Wissenssystems zu erfassen."[206] Somit beschäftigt sich die Kompetenzkonfiguration im Kern damit, das aktuelle Portfolio an Fähigkeiten und Kompetenzen zu bestimmen. Dabei bieten sich branchenspezifisch verschiedene Möglichkeiten an. Entscheidend ist, welche Kompetenzen im Hinblick auf das gewählte Leistungsangebot der Unternehmung relevant sind und welche Kompetenzen bei der Durchsetzung des Geschäftsmodells notwendig sind.[207]

---

[201] Vgl. *Zollenkop* 2006, 45.

[202] Vgl. *Haghani* 2004, 60.

[203] Vgl. *Bieger/Rüegg-Sturm/von Rohr* 2002, 55.

[204] Vgl. *Bieger/Rüegg-Stürm/von Rohr* 2002, 55.

[205] Vgl. *Bieger/Rüegg-Stürm/von Rohr* 2002, 56.

[206] *Schögel* 2006, 111.

[207] Vgl. *Bieger/Rüegg-Stürm/von Rohr* 2002, 56.

5.7 Organisationsform

Um die relevanten Kernkompetenzen zu organisieren, gibt es zwischen den polaren Ausprägungen „flexible Projektorganisation" und „auf Langfristigkeit ausgerichtete hierarchische Organisation" unterschiedliche Organisationsformen. Dabei ist es ausgesprochen wichtig die Grenzen des eigenen Unternehmens festzulegen und seine Position in der Wertschöpfungskette zu determinieren.[208] Vertikal integrierte Unternehmen bedienen hierbei den größten Teil ihrer Wertschöpfungsaktivitäten in Eigenregie. Nur ein kleiner Teil der Aktivitäten wird an andere Unternehmen ausgelagert. Spezialisierte Unternehmen konzentrieren sich dagegen auf eine Stufe der Wertschöpfungskette und weisen folglich einen geringeren Integrationsgrad auf. Spezialisten gehen zunehmend dazu über, ihre Kompetenzen in verschiedenen Industrien auszuspielen und bewegen sich infolgedessen im Sinne einer Diversifikation zwischen verschiedenen Wertschöpfungssystemen.[209] Neben diesen beiden Typen existieren netzwerkartig organisierte Unternehmen, die als Teil eines Unternehmensnetzwerks mehrere Wertschöpfungsstufen zwischen verschiedenen Unternehmen koordinieren. Zu diesen Unternehmensnetzwerken gehört auch das sogenannte Market Maker-Modell. Market Maker fügen in eine bestehende Wertekette einzelne oder mehrere Stufen ein und schaffen damit neue Märkte. Typischerweise wenden Infomediäre diese Konfigurationsform an, da sie vorhandene Informationen auf einer Plattform bündeln und dem Nutzer eine Navigationshilfe durch die unüberschaubare Menge an Informationen bieten.[210]

---

[208] Vgl. *Bieger/Rüegg-Stürm/von Rohr* 2002, 56.

[209] Vgl. *zu Knyphausen-Aufseß/Meinhardt* 2002, 73.

[210] Vgl. *zu Knyphausen-Aufseß/Meinhardt* 2002, 74.

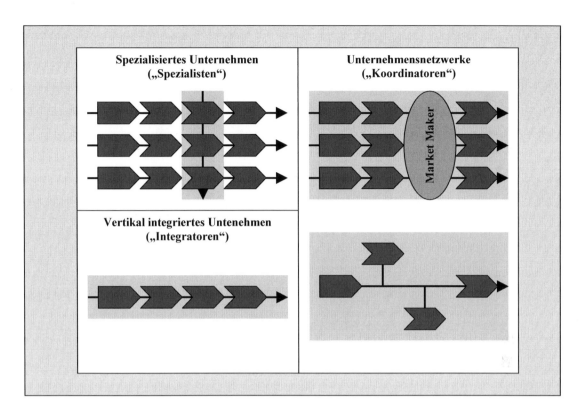

Abbildung 32: Spektrum der Wertkettenkonfigurationen[211]

5.8 Kooperationspartner

Insbesondere Geschäftsmodelle im Internet sind mit einer Globalisierung des Wettbewerbs, der Verkürzung von Produktlebenszyklen, einem Wandel von Verkäufer- zu Käufermärkten, einem tief greifenden Wandel in der Arbeitswelt bzw. in der Gesellschaft sowie gestiegener Markttransparenzen durch die Entwicklung der Informations- und Kommunikationstechnologie konfrontiert.[212] Aufgrund dieser Umstände müssen sich Unternehmensstrukturen nicht nur im Inneren, sondern auch hinsichtlich der Unternehmensgrenzen nach außen, durch das Eingehen von Kooperationsverhältnissen anpassen.[213] Im Rahmen des Kooperationskonzepts sollen nach Bieger, Rüegg-Stürm und von Rohr folgende Grundsatzfragen geklärt werden:[214]

---

[211] Vgl. *Heuskel* 1999, 56-73.

[212] Vgl. *Wagner* 2004, 14.

[213] Vgl. *Wagner* 2004, 15.

[214] Vgl. *Bieger/Rüegg-Stürm/von Rohr* 2002, 57.

- Wenige starke oder viele kleine Kooperationspartner? („Eine Frage der Dominanz und damit des Risikos bei gleichzeitiger Abwägung von Transaktionskosten und Weiterentwicklungspotentialen auf der Basis der Kompetenzen der Partner"[215])
- Fristigkeit der Partnerschaften? („Eine Frage der Investitionen in gemeinsame Standards und damit wirksame Effizienzsteigerung versus Risiko aufgrund von Abhängigkeit"[216])

5.9 Koordinationskonzept

Das Koordinationskonzept besagt, welchen Koordinations- und Steuermechanismen die an einem Netzwerk beteiligten Wertschöpfungspartner unterliegen.[217] Bezugnehmend auf Coase wurden Markt und Hierarchie lange als einzig alternative Koordinationslösungen angesehen.[218] Dieses klassische Aktionsfeld kann durch Kooperationslösungen erweitert werden.[219] Man unterscheidet Kooperation aufgrund impliziter bzw. expliziter Verträge. Bei auf impliziten Verträgen beruhenden Kooperationen verhalten sich die Partner stillschweigend, als bestünde ein Kooperationsvertrag. Explizite Verträge beinhalten entsprechende Sanktionsmechanismen und Sicherungsvereinbarungen.[220] Unternehmensnetzwerke unterscheiden sich gegenüber einer rein marktlichen Koordination durch eine Betonung kooperativer anstelle wettbewerblicher Verhaltensweisen.[221]

---

[215] *Bieger/Rüegg-Stürm/von Rohr* 2002, 57.

[216] *Bieger/Rüegg-Stürm/von Rohr* 2002, 57.

[217] Vgl. *Zollenkop* 2006, 46.

[218] Vgl. *Coase* 1937, 386-405.

[219] Vgl. *Williamson* 1999, 281.

[220] Vgl. *Bieger/Rüegg-Stürm/von Rohr* 2002, 57.

[221] Vgl. *Siebert* 2006, 10.

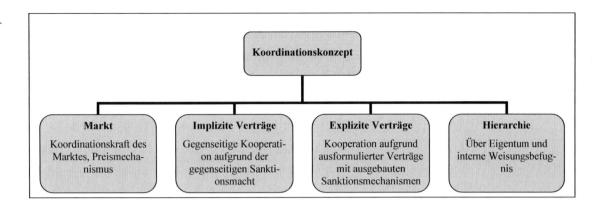

Abbildung 33: Übersicht Koordinationskonzepte

5.10 Erlösmodell

Aus Sicht der Investoren ist vor allem ein Aspekt eines Geschäftsmodells interessant: Wie werden Erlöse generiert?[222] Das Erlösmodell beschreibt hierbei die Art und Weise der Zahlungsströme im Zuge der Vermarktung des Leistungsangebots. Dabei enthält das Erlösmodell sowohl die geplanten Erlösquellen und Erlösformen als auch die Mechanik der Erlösverteilung zwischen den im Rahmen des Geschäftsvorhabens beteiligten Akteuren.[223] Insbesondere bei internetbasierten Geschäftsmodellen ist das Erlösmodell als besonders kritisch anzusehen, da sich herausgestellt hat, dass Unternehmen oftmals nicht in der Lage sind mit ihren Geschäftsideen nennenswerte Einnahmen zu erwirtschaften.[224] Vor diesem Hintergrund ist insbesondere die optimale Auswahl und Kombination der verschiedenen zur Verfügung stehenden Erlösquellen und Erlösformen,[225] in die sich auch die Erlösmodellmatrix des Geschäftsmodell-Cubes gliedert,[226] von großer Relevanz. Die Erlösquelle beschreibt hierbei den grundsätzlichen Typus eines angebotenen Produkts bzw. einer angebotenen Dienstleistung für die ein Kunde zu zahlen bereit ist. Zu den drei wesentlichen Erlösquellen internetbasierter Geschäftsmodelle gehören: Online-Werbung, E-Commerce und Paid Content bzw. Paid Service.[227] In der Unternehmenspraxis wird zur Refinanzierung des Geschäftsmodells

---

[222] Vgl. *Bach/Buchholz/Eichler* 2003, 15.

[223] Vgl. *Kasper* 2005, 185.

[224] Vgl. *Schäfers* 2004, 66.

[225] Vgl. Kapitel 3.4.

[226] Vgl. Kapitel 4.2.

[227] Vgl. *Breunig* 2005, 410.

meist eine Mischform dieser drei Erlösquellen genutzt. Um die über die Erlösquellen zu erzielenden Umsätze abrechenbar zu machen, stehen verschiedene Erlösformen zu Auswahl. Dabei werden die Erlösformen grundsätzlich anhand der Kriterien transaktionsabhängige versus transaktionsunabhängige Erlösgenerierung sowie direkt versus indirekte Erlösgenerierung unterteilt.[228] In der Regel werden mehrere Erlösformen kombiniert um so eine Optimierung des Erlösquellenstroms zu erreichen.[229] Abbildung 37 gibt einen Überblick über mögliche Erlösmodellkombinationen internetbasierter Geschäftsmodelle:

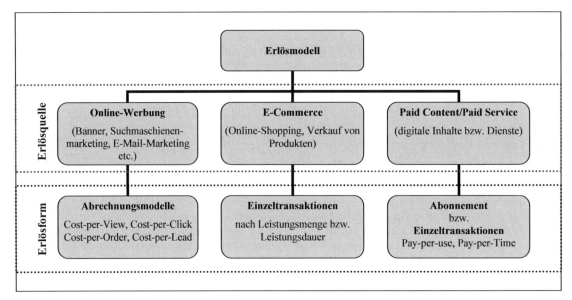

Abbildung 34: Erlösmodellkombinationen im Internet

Abbildung 37 verdeutlicht, dass jedes internetbasierte Erlösmodell über eine Erlösquelle verfügen muss, für die ein Dritter zu zahlen bereit ist. Nach der Bestimmung relevanter Erlösquellen werden im Rahmen des Erlösmodells eine oder mehrere Erlösformen festgelegt, durch die die zuvor bestimmten Erlösquellen monetarisiert werden. Die Auswahl optimaler Erlösformen muss somit erlösquellenspezifisch erfolgen. Im Folgenden werden die einzelnen Erlösquellen Online-Werbung, E-Commerce und Paid Content mit ihren spezifischen Erlösformen näher analysiert.

---

[228] Vgl. Kapitel 3.4.

[229] Vgl. *Wirtz* 2001a, 215.

78

Online-Werbung

Online-Werbung, die im Internet verbreitetste Erlösquelle, wird häufig auch in Kombination mit anderen Erlösquellen, wie z.B. E-Commerce eingesetzt. Die Abrechnung der Werbeleistung erfolgt in der Regel auf Basis des Tausendkontaktpreises (TKP).[230] Dabei zahlt der Werbekunde einen festen Preis pro tausend Internetnutzer, die mit seiner Werbebotschaft in Kontakt kommen. Darüber hinaus findet man vor allem bei kontextsensitiver Werbung, die Abrechnungsmodelle CPC (Cost per Click), CPL (Cost per Lead) und CPO (Cost per Order). Beim CPC-Modell zahlt der Werbekunde pro Klick auf eine bestimmte Werbeform, die den Nutzer auf die beworbene Internetpräsenz leitet. Das CPL-Modell fokussiert auf die Gewinnung von Kundendaten, wie z.B. E-Mail Adressen, die im Rahmen von Werbekampagnen gesammelt werden. Der Kunde zahlt dabei pro generiertem Datensatz, der durch seine Werbeeinblendung initiiert wurde. Beim CPO-Modell zahlt der Werbetreibende nur für tatsächliche Kaufabschlüsse, die durch den Werbepartner eingeleitet wurden. Geschäftsmodelle, die sich im Kern über die Erlösquelle Online-Werbung finanzieren, müssen auf die Generierung von hohem Traffic ausgelegt sein. Denn nur wenn die eigene Webseite genügend Besucher verbucht, kann ein entsprechender Anteil auf die Webseiten der Werbepartner weitergeleitet werden. Darüber hinaus ist die Zielgruppenfokussierung ein wichtiger Erfolgsfaktor. Je präziser sich die Zielgruppe für ein beworbenes Produkt ansprechen lässt, desto wertvoller ist der vermittelte Kontakt, da der Werbetreibende deutlich weniger Streuverluste in Kauf nehmen muss.

E-Commerce

E-Commerce gehört zu dem populärsten Wirtschaftszweig der Multimediabranche. Prinzipiell lässt sich E-Commerce definieren als „jede Art von geschäftlichen Transaktionen, bei denen die Beteiligten auf elektronischem Wege miteinander kommunizieren, anstatt durch physischen Austausch oder sonstigen unmittelbar physischen Kontakt."[231] Der Verkauf von physischen Produkten über das Medium Internet ist eine der Erlösquellen, die seit dem Beginn der kommerziellen Web-Nutzung im Vordergrund steht. Dabei genügt eine einfache Homepage mit Online-Bestellmöglichkeit, um Internet-Verkäufe durchführen zu können. Zu den bekanntesten Vertretern im E-Commere gehören sicherlich eBay und Amazon, die zugleich reine Pure Player[232] sind. Darüber hinaus haben sich zahlreiche, etablierte stationäre

---

[230] Vgl. *OVK Online-Report* 2008, 6.

[231] *Dieckert/Koschorreck* 2002, 3.

[232] Vgl. Kapitel 4.1.4.

Unternehmen die Erlösquelle E-Commerce als zusätzlichen Vertriebskanal zu Nutze gemacht, um so ihre Umsätze zu steigern. Zu diesen Clicks-and-Mortar[233] Unternehmen gehören unter anderem Neckermann, Heine, Tchibo und Quelle. Das E- Commerce macht sich hauptsächlich die Erlösform der transaktionsbasierten Abrechnung zu Nutze. Transaktionsunabhängige Erlösformen wie z.B. Abonnements, sind hier weniger verbreitet, da der Großteil der E-Commerce-Umsätze durch den Verkauf von Produkten generiert wird, die auf Stückbasis abgerechnet werden.

Paid Content und Paid Service

„Bei Paid Content handelt es sich um Inhalte (nicht Dienste oder Anwendungen), die von Endnutzern einzeln oder im Abonnement online und in digitaler Form erworben werden."[234] Paid Service bezeichnet das kostenpflichtige Angebot und die kostenpflichtige Bereitstellung digitaler Services im Internet. Entscheidend ist, dass das eigentliche Angebot nur unter Mitwirken des Nachfragers zustande kommt.[235] Dabei erweist sich die Umsetzung dieser Erlösquellen als besonders schwierig, da die Internetnutzer sich an eine gewisse Gratis-Mentalität (Free Content), die das Web bislang verkörperte, gewöhnt haben. Dennoch gehen viele Medienunternehmen (z.B. Verlage) dazu über, ihre Produkte auch in digitaler Form über das Medium Internet anzubieten. Sie verfolgen das Ziel, die meist noch vorherrschende Kostenlos-Kultur im Internet, durch wirtschaftlich tragfähige Erlösmodelle zu ersetzen.[236] Der wichtigste Unterschied zur Erlösquelle E-Commerce besteht dementsprechend darin, dass statt physischer Produkte wie z.B. Bücher, virtuelle Produkte wie z.B. MP3-Dateien oder Datenbankabfragen angeboten werden. Als Erlösformen haben sich hierbei sowohl die Abrechnung auf Basis von Einzeltransaktionen wie auch die Erhebung von regelmäßigen Entgelten als Mitglieds- bzw. Abonnementgebühren durchgesetzt. Oftmals werden beide Abrechnungsmodelle parallel angeboten und der Kunde kann die für ihn günstigste Variante auswählen.

---

[233] Vgl. Kapitel 4.1.4.

[234] *Breyer-Mayländer/Werner* 2003, 400.

[235] Vgl. *Hofmann* 2005, 42.

[236] Vgl. *Schmidt* 2004, 96-97.

5.11 Internetbasierte Geschäftsmodelle als Konglomerat ihrer Bestandteile

Hat sich eine Unternehmung dazu entschlossen mit ihrer Geschäftsidee im Medium Internet tätig zu werden, so ist es ratsam diese Idee in ein konkretes Geschäftsmodell zu transformieren. In der Praxis kommt es nicht selten vor, dass gerade junge Unternehmen, die von ihrer neuen Geschäftsidee überzeugt sind, ohne ein konkretes Geschäftsmodell an den Markt gehen. Viele dieser Geschäftsideen haben zwar großes Potenzial, sind aber aufgrund fehlender Ertragsmöglichkeiten meist zum Scheitern verurteilt. Um dies zu vermeiden, sind bei der Konzeptionisierung eines internetbasierten Geschäftsmodells die oben aufgeführten Geschäftsmodellelemente zu beachten. Abbildung 38 gibt einen zusammenfassenden Überblick über diese Elemente und ihre Bestandteile.

Geschäftsidee:	Kompetenzkonfiguration:
▪ Grundlage für internetbasierte Geschäftsmodelle ▪ Allein durch menschliche Vorstellungskraft beschränkt ▪ Sind im Medium Internet nur erfolgreich, wenn es dem Kunden nicht auf sinnlichen Kontakt ankommt	▪ Bestimmung der Kernkompetenzen der Unternehmung
Unternehmensstruktur:	**Organisationsform:**
▪ Pure Play ▪ Clicks and Mortar	▪ Spezialisiertes Unternehmen ▪ Vertikal integriertes Unternehmen ▪ Unternehmensnetzwerk
Leistungsangebot:	**Kooperationspartner:**
▪ Art und Weise der Leistung, die ein Unternehmen seinen Kunden anbietet ▪ Anbieterorientierte Perspektive ▪ Nachfragerorientierte Perspektive ▪ Wettbewerbsorientierte Perspektive	▪ Wenige starke versus viele kleine Kooperationspartner ▪ Fristigkeit der Partnerschaft
Transaktionsbeziehungen:	**Koordinationskonzept:**
▪ Signifikante Unterschiede zwischen den einzelnen Beziehungen ▪ A2A, A2B, A2C, B2A, B2B, B2C, C2A, C2B und C2C ▪ Komplementarität versus Redundanz	▪ Markt ▪ Implizite Verträge ▪ Explizite Verträge ▪ Hierarchie
Wachstumskonzept:	**Erlösmodell:**
▪ Beschreibt intendierte Entwicklungsrichtung des Unternehmens ▪ Unternehmenswachstum im eigenen Markt versus Unternehmenswachstum in neuen Märkten ▪ Unternehmenswachstum durch Multiplikatoren versus Unternehmenswachstum durch Verkauf von Konzepten	▪ Erlösquelle: z.B. Online-Werbung, E-Commerce, Paid Content/Paid Service ▪ Erlösform: Transaktionsabhängige versus transaktionsunabhängige bzw. direkte versus indirekte Erlösgenerierung

Tabelle 4: Bestandteile internetbasierter Geschäftsmodelle

6 Fazit und Ausblick

Die vorliegende Arbeit hat grundlegende Konzeptionisierungs- und Systematisierungsansätze internetbasierter Geschäftsmodelle erläutert. Dabei hat sich gezeigt, dass allgemein anerkannte und gebräuchliche Modellierungsmethoden und Notationen für Geschäftsmodelle im Internet nicht existieren. Es fehlen Verfahren und Techniken zur Erstellung von Submodellen, die in einer detaillierten Geschäftsprozessmodellierung durchgängig verwendet werden können. Der in Kapitel 4 entwickelte Geschäftsmodell-Cube ermöglicht es, anhand der Charakterisierung einzelner Geschäftsmodellelemente, eine Systematisierung internetbasierter Geschäftsmodelle vorzunehmen, wodurch einzelne Geschäftsmodelle vergleichbar gemacht werden. Diese Systematisierung beschränkt sich auf die wesentlichen Bestandteile internetbasierter Geschäftsmodelle, um eine branchenübergreifende Einordnung zu gewährleisten. Die in Kapitel 5 vorgestellte Anleitung zur Konzeptionisierung internetbasierter Geschäftsmodelle ist kein Garant für die Modellierung eines funktionierenden Geschäftsmodells. Sie soll vielmehr als Leitfaden gelten, mit dessen Hilfe grundlegende Fehler bei der Geschäftsmodellierung von vornherein ausgeschlossen werden können. Ob ein Geschäftsmodell im Internet letztendlich erfolgreich sein wird oder nicht, hängt neben den durch das Geschäftsmodell beschriebenen objektiven Faktoren auch von subjektiven Merkmalen ab. So sind die Einstellung zu einem Projekt sowie unternehmerische Fähigkeiten ebenso wichtig für das Funktionieren eines Geschäftsmodells, wie das Modell an sich. Im Hinblick auf die Entwicklung nachhaltig orientierter Geschäftsmodelle müssen die Betreiber die Dynamik des Marktumfelds berücksichtigen. Im Web 2.0 haben daher vor allem flexibel konzeptionisierte Geschäftsmodelle, die sich problemlos veränderten Marktbedingungen anpassen können, Aussicht auf langfristigen Erfolg.

Wirtschaftlicher Erfolg ist stets von wirtschaftlichem Handeln abhängig. Neue Technologien und deren rasante Entwicklung haben neue Beschreibungen dieses Handelns erforderlich gemacht. Der Begriff des Geschäftsmodells wurde geprägt. Die weitere Entwicklung der Technologie und deren monetäre Nutzung wird von weiteren Ideen und deren Umsetzung abhängig sein. Die Zukunft des Internets wird durch eine Weiterentwicklung die den allgemeinen menschlichen Bedürfnissen entspricht, geprägt sein. Die Struktur der Nutzer spielt dabei eine wesentliche Rolle, da durch sie der merkantile Anspruch der Betreiber befriedigt wird. In dem Wust der derzeitigen Versuche den Nutzer an eine Präsenz zu binden, wird eine klare Strukturierung und Nutzbarkeit oft vernachlässigt. Eine Zusammenführung der vorhandenen Technologien und vor allem eine Vereinheitlichung der zurzeit unzähligen unterschiedlichen Schnittstellen wird eine neue vereinfachte und allen zugängliche Informationsstruktur schaffen. Die Zukunft wird von Visionären bestimmt, die eine neue Soziologie erschaffen werden. Diese wiederum wird neue Technologien konstruieren. Ein dynamischer Prozess wird zu stetiger Anpassung auffordern, neue Bedürfnisse schaffen neue Wirklichkeiten. Die Geschäftsmodelle werden sich der Dynamik der Gegebenheiten anpassen. Die Akzeptanz durch den Nutzer wird die Geschäftsmodelle letztendlich bestimmen. Im Rahmen des sogenannten Semantic Web werden Konzepte erforscht sowie Standards und Technologien entwickelt, die die Interpretation, Aggregation, Bewertung und den Vergleich von Informationen im Internet automatisieren sollen. Es kann noch einige Zeit dauern, bis entsprechende Technologien und darauf aufbauende Geschäftsmodelle damit beginnen, die momentan im Internet vorherrschende Informationsflut zu strukturieren. Die Möglichkeiten der Monetarisierung internetbasierter Geschäftsmodelle stehen noch am Anfang einer interessanten Entwicklung.

Quellenverzeichnis

Ahlert, Dieter/Backhaus, Klaus/Meffert, Heribert, Geschäftsmodelle im E-Business – Mode-thema oder mehr?, in: Absatzwirtschaft 44 (10/2001), 32-44.

Alby, Tom, Web 2.0 – Konzepte, Anwendungen, Technologien, München (Hanser) 2.Aufl. 2007.

Amit, Raphael/Zott, Christoph, Value Creation in E-Business, in: Strategic Management Journal 22 (2001), 493-520.

Amit, Raphael/Zott, Christoph, Value Drivers of e-Commerce Business Models, in: *Hitt, Michael A./Amit, Raphael/Luvier,Charles E./Nixon, Robert D. (Hrsg.),* Creating Value - Winners in the New Business Environment, Oxford – Malden (Blackwell) 2002, 15-47.

Anderson, Chris, The Long Tail - Der lange Schwanz: Nischenprodukte statt Massenmarkt - Das Geschäft der Zukunft, München (Hanser) 2007.

ARD/ZDF-Onlinestudie 2008, im Internet: http://www.ard-zdf-onlinestudie.de/fileadmin /PM/PM2008_2.pdf, abgerufen am 01.09.2008.

Bach, Norbert/Buchholz, Wolfgang/Eichler, Bernd, Geschäftsmodelle für Wertschöpfungs-netzwerke – Begriffliche und konzeptionelle Grundlagen, in: *Bach, Norbert/Buchholz, Wolfgang/Eichler, Bernd (Hrsg.),* Geschäftsmodelle für Wertschöpfungsnetzwerke, Wies-baden (Gabler) 2003, 1-20.

Baum, Sebastian, Die effiziente Lösung von Domainnamenskonflikten – Eine ökonomische Analyse des Internet-Domain-Rechts, München (Meidenbauer) 2005.

Bieger,Thomas/Bickhoff, Nils/zu Knyphausen-Aufseß, Dodo, Einleitung, in: *Bieger, Tho-mas/Bickhoff, Nils/Caspers, Rolf/zu Knyphausen-Aufseß, Dodo/Reding, Kurt (Hrsg.),* Zu-künftige Geschäftsmodelle – Konzept und Anwendungen in der Netzökonomie, Berlin – Heidelberg – New York (Springer) 2002, 1-11.

Bieger, Thomas/Rüegg-Stürm, Johannes/von Rohr, Thomas, Strukturen und Ansätze einer Gestaltung von Beziehungskonfigurationen – Das Konzept Geschäftsmodell, in: *Bieger, Thomas/Bickhoff, Nils/Caspers, Rolf/zu Knyphausen-Aufseß, Dodo/Reding, Kurt (Hrsg.),* Zukünftige Geschäftsmodelle – Konzept und Anwendungen in der Netzökonomie, Berlin – Heidelberg – New York (Springer) 2002, 35-61.

Bitkom 2007a, Nutzung des Internets so preiswert wie nie, im Internet: http://www.bitkom.org/47121_46539.aspx, abgerufen am 31.08.2008.

Bitkom 2007b, Fast jeder fünfte Mensch ist online, im Internet: http://bitkom.org/de/presse/ 30739_46069.aspx, abgerufen am 01.09.2008.

Bitkom 2007c, Jeder Fünfte hat eine private Internet-Präsenz, im Internet: http://bitkom.de/47504_47500.aspx, abgerufen am 01.09.2008.

Breuer, Steffen/Brenner, Walter, Geschäftsmodelle internetbasierter Unternehmen, in: *Stanoevska-Slabeva, Katarina (Hrsg.),* The Digital Economy – Anspruch auf Wirklichkeit, Berlin – Heidelberg – New York (Springer) 2004, 245-258.

Breunig, Christian, Paid Content im Internet – ein erfolgreiches Geschäftsmodell?, in: Media Perspektiven (8/2005), 407-418.

Breyer-Mayländer, Thomas/Werner, Andreas, Handbuch der Medienbetriebslehre, München (Oldenbourg) 2003.

Bühl, Achim, Die virtuelle Gesellschaft des 21. Jahrhunderts – Sozialer Wandel im digitalen Zeitalter, Wiesbaden (Westdeutscher Verlag) 2. Aufl. 2000.

Bush, Vannevar, As We May Think, in: The Atlantic Monthly (7/1945), im Internet: http://www.ps.uni-sb.de/~duchier/pub/vbush/vbush-all.shtml, abgerufen am 30.08.2008.

Castells, Manuel, Die Internet-Galaxie – Internet, Wirtschaft und Gesellschaft, Wiesbaden (VS Verlag) 2005.

Chen, Stephen, The real value of "e-business models", in: Business Horizons 46 (2003), 27-33.

Cnet, Top 10 dot-com flops, im Internet: http://www.cnet.com/1990-11136_1-6278387-1.html, abgerufen am 30.08.2008.

Coase, Ronald, The Nature of the Firm, in Economica, 4 (1937), 386-405.

Davila, Antonio/Gupta, Mahendra/Palmer, Richard, Moving Procurement Systems to the Internet – the Adoption and Use of E-Procurement Technology Models, in: European Management Journal 21 (2003), 11-23.

Dieckert, Ulrich/Koschorreck K., E-Commerce, in: *Wülfing, Thomas/Dieckert, Ulrich (Hrsg.),* Praxishandbuch Multimediarecht, Berlin – Heidelberg – New York (Springer) 2002, 3-76.

eBay Gebühren, im Internet: http://pages.ebay.de/help/sell/ia/fees.html, abgerufen am 21.08.2008.

eBay Mediadaten 2008, im Internet: http://pics.ebaystatic.com/aw/pics/de/advertising/ v2/eBay_mediadaten_080714.pdf, abgerufen am 21.08.2008.

Ebers, Mark, Interorganisationale Informationssysteme: Eine transaktionskostentheoretische Betrachtung, in: *Sydow, Jörg/ Windeler, Arnold (Hrsg.)* Management interorganisatorischer Beziehungen, Opladen (Westdeutscher Verlag) 1994, 22-48.

Egger, Uwe-Peter, Optimierung der Finanzierung für Existenzgründer unter Ratingaspekten, in: *Achleitner, Ann-Kristin/Everling, Oliver (Hrsg.),* Existenzgründerrating – Rating junger Unternehmen, Wiesbaden (Gabler) 2004, 169-180.

FAZ, Börse – was soll das ganze? (2/2003), im Internet: http://www.faz.net/s/ RubF3F7C1F630AE4F8D8326AC2A80BDBBDE/Doc~ EEF6C9B2600D7493481D407600230C955~ATpl~Ecommon~Scontent.html, abgerufen am 30.08.2008.

Franck, Georg, Ökonomie der Aufmerksamkeit, München – Wien (Hanser) 1998.

Friebe, Holm/Lobo, Sascha, Wir nennen es Arbeit – Die digitale Boheme oder intelligentes Leben jenseits der Festanstellung, München (Heyne) 3. Aufl. 2006.

Gartner, Gartner Consulting Survey Shows Multichannel Retailing Is a Key Initiative for Retailers (7/2002), im Internet: http://www.allbusiness.com/company-activities-management/operations/5974026-1.html, abgerufen am 30.08.2008.

Gemünden, Hans G./Schultz, Carsten, Entwicklung eines Geschäftsmodellkonzepts – Erste Anwendungen auf den Bereich telemedizinischer Dienstleistungen, in: *Hoffman, Werner H. (Hrsg.),* Die Gestaltung der Organisationsdynamik – Konfiguration und Evolution, Stuttgart (Schäffer Poeschel) 2003, 165-200.

Grob, Heinz L./vom Brocke, Jan, Internetökonomie – Das Internet im Fokus hybrider Systeme, in: *Grob, Heinz L./vom Brocke, Jan (Hrsg.),* Internetökonomie – Ein interdisziplinärer Beitrag zur Erklärung und Gestaltung hybrider Systeme, München (Vahlen) 2006, 1-20.

Guo, Zhaohui, Behavioral Finance – Die empirische Überprüfbarkeit behavioraler Modelle, Diss. St. Gallen 2002.

Haderlein, Andreas, Marketing 2.0 – Von der Masse zur Community, Kelkheim (Zukunftsinstitut GmbH) 2006.

Haghani, Sascha, Strategische Krisen von Unternehmen und praxisorientierte Möglichkeiten ihrer Früherkennung, in: *Bickhof, Nils/Blatz, Michael/Eilenberger, Guido/Haghani, Sascha/Kraus, Karl-J. (Hrsg.),* Die Unternehmenskrise als Chance – Innovative Ansätze zur Sanierung und Restrukturierung, Berli – Heidelberg – New York (Springer) 2004, 41-66.

Hamel, Gary, Leading the Revolution, Boston (Harvard Business School Press) 2000.

Hansen, Ursula/Bode, Matthias, Marketing und Konsum – Theorie und Praxis von der Industrialisierung bis ins 21. Jahrhundert, München (Vahlen) 1999.

Hartmann, Wolfgang/ Kreutzer, Ralf T./Kuhfuß, Holger, Kundenclubs & More – Innovative Konzepte zur Kundenbindung, Wiesbaden (Gabler) 2004.

Hellmannn, André, Geschäftsmodelle im Web 2.0 – Logische Konsequenz oder absolute Antagonie?, in: i-com – Zeitschrift für interaktive und kooperative Medien 6 (2007), 33-37.

Hermanns, Arnold/Sauter, Michael, Management-Handbuch Electronic Commerce – Grundlagen, Strategien, Praxisbeispiele, München (Vahlen) 1999.

Heuskel, Dieter, Wettbewerb jenseits von Industriegrenzen – Aufbruch zu neuen Wachstumsstrategien, Frankfurt – New York (Campus) 1999.

Hofmann Markus, Paid Content und Paid Sercices – Grundlagen, Erfolgsfaktoren, Perspektiven, Berlin (VDM) 2005.

Hohn, Bettina, Internet-Marketing und –Fundraising für Nonprofit-Organisationen, Diss. Oldenburg 2001.

Jonda, Marian, Szenario-Management digitaler Geschäftsmodelle – Skizze einer Geschäftsmodellierung am Beispiel von Mobile-Health-Dienstleistungen, Diss. Oldenburg 2004.

Kasper, Christian M., Individualisierung und mobile Dienste am Beispiel der Medienbranche – Ansätze zum Schaffen von Kundenmehrwert, Diss. Göttingen 2005.

Konczal, Edward F., Models are for Managers, not for Mathematicians, in: Journal of Systems Management 26 (1/1975), 12-15.

Kowalewsky, Reinhard, web 2.0, in: Capital 45 (2006), 34-40.

Lotter, Wolf, Elementarteichen, in: brand eins (2/2007) im Internet: http://www.brandeins.de/home/inhalt_detail.asp?id=2230, abgerufen am 09.09.2008.

Mack, Oliver, Konfiguration und Koordination von Unternehmungsnetzwerken – Ein allgemeines Netzwerkmodell, Diss. Mainz 2002.

Malone, Thomas W./Yates, Joanne/ Benjamin, Robert I., Electronic Markets and Electronic Hierarchies, in: Communications of the ACM 30 (6/1987), 484-497.

Mayerhöfer, Alexander, Das neue Netz, in: Impulse 27 (9/2006), 66-69.

Meier, Andreas/Stormer, Henrik, eBusiness & eCommerce – Management der digitalen Wertschöpfungskette, Berlin – Heidelberg – New York (Springer) 2005.

Mörl, Christoph/ Groß, Matthias, Soziale Netzwerke im Internet – Analyse der Monetarisierungsmöglichkeiten und Entwicklung eines integrierten Geschäftsmodells, Boizenburg (vwh) 2008.

Müller-Stewens, Günter/Lechner, Christoph, Strategisches Management. Wie strategische Initiativen zum Wandel führen, Stuttgart (Schäffer-Poeschel) 2. Aufl. 2003.

O`Reilly, Tim, What is Web 2.0 – Design Patterns and Business Models for the Next Generation of Software (9/2005), im Internet: http://www.oreillynet.com/pub/a/oreilly/tim/news /2005/09/30/what-is-web-20.html, abgerufen am 01.09.2008.

Österle, Hubert, Geschäftsmodell des Informationszeitalters, in: *Österle, Hubert/Fleisch, Elgar/Alt,Rainer (Hrsg.),* Business Networking in der Praxis – Beispiele und Strategien zur Vernetzung mit Kunden und Lieferanten, Berlin – Heidelberg – New York (Springer) 2002, 18-36.

OVK Online-Report (1/2008), im Internet: http://www.ovk.de/all/dl/ovk_onlinereport_ 200801.pdf, abgerufen am 10.09.2008.

Panten, Gregor, Internet-Geschäftsmodell Virtuelle Community: Analyse zentraler Erfolgsfaktoren unter Verwendung des Partial-Least-Squares (PLS)-Ansatzes, Diss. Kiel 2005.

Pecha, Roman, Externe Geschäftsmodellanalyse bei E-Business Unternehmen - Eine empirische Analyse, Lohmar – Köln (Eul Verlag) 2004.

Porter, Michael E., Wettbewerbsstrategie: Methoden zur Analyse von Branchen und Konkurrenten, Frankfurt - New York (Campus) 10. Aufl. 1999.

Porter, Michael E., Strategy and the Internet, in: Harvard Business Review 49 (2001), 63-78.

Prahalad, Coimbatore K./Hamel, Gary, The Core Competence of the Corporation, in: Harvard Business Review 68 (3/1990), 79-91.

Schäfers, Björn, Preisangebote im Interenet – Neue Ansätze zur Messung individueller Zahlungsbereitschaften, Diss. Kiel 2004.

Schmid, Beat F., Elektronische Märkte – Merkmale, Organisation und Potentiale, in: *Hermanns, Arnold/Sauter, Michael (Hrsg.),* Management-Handbuch Electronic Commerce – Grundlagen, Strategien, Praxisbeispiele, München (Vahlen) 2.Aufl. 1999, 31-48.

Schmidt, Sebastian, Das Online-Erfolgsmodell digitaler Produkte – Strategische Wirkungspotenziale und operative Handlungsempfehlungen, Diss. Kassel 2004.

Schögel, Marcus, Kooperationsfähigkeiten im Marketing – Eine empirische Untersuchung, Wiesbaden (Duv) 2006.

Schröder, Hendrik, Multichannel-Retailing – Marketing in Mehrkanalsystemen des Einzelhandels, Berlin – Heidelberg – New York (Springer) 2005.

Schumpeter, Joseph A., Business Cycles – A Theoretical, Historical, and Statistical Analysis of the Capitalist Process, New York (McGraw Hill) 1939.

Schütt, Michaela, Informationsmanagement auf elektronischen B2B-Marktplätzen – Unterstützung der elektronischen Beschaffung durch integrierte Informationsprozesse, (DUV) 2006.

Schwetje, Gerald/Vaseghi, Sam, Der Businessplan – Wie sie Kapitalgeber überzeugen, Berlin – Heidelberg – New York (Springer) 2006.

Schwickert, Axel C., Geschäftsmodelle im Electronic Business – Bestandsaufnahme und Relativierung, in: *Schwickert, Axel C. (Hrsg.),* Arbeitspapiere Wirtschaftsinformatik, Universität Gießen (2/2004).

Servatius, Hans-Gerd, Jenseits der New Economy – Transformation von Unternehmen mit e-Business Solutions, in: *Scheer, August-Wilhelm (Hrsg.),* Die eTransformation beginnt! Lessons Learned – Brachenperspektiven – Hybrid Economy – M-Business, Heidelberg (Physica) 2001, 51-90.

Sieber, Pascal, Virtualität als Kernkompetenz von Unternehmen, in: Die Unternehmung 53 (4/1999), 243-266.

Siebert, Holger, Ökonomische Analyse von Unternehmensnetzwerken, in: *Sydow, Jörg (Hrsg.),* Management von Netzwerkorganisationen – Beiträge aus der „Managementforschung", Wiesbaden (Gabler) 4. Aufl. 2006, 7-28.

Skiera, Bernd/Lambrecht Anja, Erlösmodelle im Internet, in: *Albers,Sönke/Hermann, Andreas (Hrsg.),* Handbuch Produktmanagement, Wiesbaden (Gabler) 3.Aufl. 2007, 869-886.

Staehle, Wolfgang H., Redundanz, Slack und lose Kopplung in organisationen – Eine Verschwendung von Ressourcen?, in: *Staehle, Wolfgang H./Sydow, Jörg (Hrsg.),* Managementforschung 1 – Selbstorganisation und systemische Führung, Berlin (de Gruyter) 1991, 313-346.

Stähler, Patrick, Geschäftsmodelle in der digitalen Ökonomie: Merkmale, Strategien und Auswirkungen, Lohmar – Köln (Eul Verlag) 2. Aufl. 2002.

Sydow, Jörg, Strategische Netzwerke – Evolution und Organisation, Wiesbaden (Gabler) 1992.

Tapscott, Don/Ticoll, David/Lowy, Axel, Digital Capital – Harnessing the Power of Business Webs, USA (Harvard Business Press) 2000.

Thome, Rainer/Schinzer, Heiko, Marktüberblick Electronic Commerce, in: *Thome, Rainer (Hrsg.),* Electronic Commerce – Anwendungsbereiche und Potentiale der digitalen Geschäftsabwicklung, München (Vahlen) 1997, 1-17.

Timmers, Paul, Business Models for Electronic Markets, in: Electronic Markets 8 (2/1998), 3-8.

Timmers, Paul, Electronic commerce – strategies and models for business-to-business trading, United Kingdom (Wiley & Sons) 2000.

Toffler, Alvin, Die Zukunftschance – Von der Industriegesellschaft zu einer humanen Zivilisation, München (Bertelsmann) 1980.

Tröndle, Dirk, Kooperationsmanagement – Steuerung interaktioneller Prozesse bei Unternehmenskooperationen, Lohmar - Köln (Eul Verlag) 1987.

Trump, Thilo/Klingler, Walter/Gerhards, Maria, Web 2.0 – Begriffsdefinition und eine Analyse der Auswirkungen auf das allgemeine Mediennutzungsverhalten, in: result GmbH (Hrsg.) 2007, im Internet: http://www.v-i-r.de/cms/upload/downloads/Web-2.0-Studie-result-SWR-Februar-2007.pdf, abgerufen am 01.09.2008.

van Eimeren, Birgit/Frees, Beate, Internetnutzung zwischen Pragmatismus und YouTube-Euphorie, in Media Perspektiven (8/2007), 362. 362-378.

Vise, David A./Malseed, Mark, Die Google-Story, Hamburg (Murmann) 2.Aufl. 2006.

Wagner, Michael, Business Networking im Internet – Interaktive Anbahnung von Kooperationen in Unternehmensnetzwerken, Diss., München 2004.

Wenger, Andreas P., Organisation Multinationaler Konzerne – Grundlagen, Konzeption und Evaluation, Bern – Stuttgart – Wien (Haupt) 1999.

Wetzel, Amelie, Geschäftsmodelle für immaterielle Wirtschaftsgüter: Auswirkungen der Digitalisierung, Diss. Bamberg 2004.

Williamson, Oliver E., Comparative Economic Organisations – The Analysis of Discrete Structural Alternatives, in: Administrative Science Quarterly, 36 (6/1999), 269-296.

Wirtz, Bernd W., Electronic Business, Wiesbaden (Gabler) 2. Aufl. 2001a.

Wirtz, Bernd W., Anpassen oder untergehen – Peer-to-peer-Computing und ein sich selbst kannibalisierendes Internet, in: Wirtschaftswoche 3 (2001b), 94.

Wirtz, Bernd W., Medien- und Internetmanagement, Wiesbaden (Gabler) 5.Aufl. 2006.

Wirtz, Bernd W., Deutschland Online – Unser Leben im Netz, 2008, im Internet: http://www.studie-deutschland-online.de/do5/sdo_2007_de.pdf, abgerufen am 31.08.2008.

Wölfle, Ralf, Entwicklung eines E-Business Geschäftsmodells, in: io management (9/2000) 62-65.

Wurche, Sven, Strategische Kooperation – Theoretische Grundlagen und praktische Erfahrungen am Beispiel mittelständischer Pharmaunternehmen, Wiesbaden (Gabler) 1994.

Zerdick, Axel et al., Die Internet-Ökonomie – Strategien für die digitale Wirtschaft, Berlin – Heidelberg – New York (Springer) 3. Aufl. 2001.

Ziems, Dirk/Ohlenforst, Oliver, Wie bringt man neuen Schwung in die E-Commerce-Evolution? – Morphologische Markt- und Medienforschung zu Internetnutzung und Online-Kaufverhalten, in: *Riekhof, Hans-Christian (Hrsg.),* E-Branding-Strategien, Wiesbaden (Gabler) 2001, 143-177.

Zollenkop, Michael, Geschäftsmodellinnovation – Initiierung eines systematischen Innovationsmanagements für Geschäftsmodelle auf Basis lebenszyklusorientierter Frühaufklärung, Diss. Bamberg 2006.

zu Knyphausen-Aufseß, Dodo/Meinhardt, Yves, Revisiting Strategy: Ein Ansatz zur Systematisierung von Geschäftsmodellen, in: *Bieger, Thomas/Bickhoff, Nils/Caspers, Rolf/zu Knyphausen-Aufseß, Dodo/Reding, Kurt (Hrsg.),* Zukünftige Geschäftsmodelle – Konzept und Anwendungen in der Netzökonomie, Berlin – Heidelberg – New York (Springer) 2002, 63-89.

Zum Autor:

Dipl.-Hdl. Stephan Buchheit studierte Wirtschaftspädagogik mit dem Schwerpunkt Medien- und Kommunikationsmanagement an der Universität des Saarlandes. Er ist Geschäftsführer der World-Cast GmbH, die unter anderem, Firmen bei der Konzeptionisierung und Umsetzung von Geschäftsmodellen zur Seite steht. Stephan Buchheit ist Mitbegründer der Sportplattform www.sport-cast.com, eine der größten Sportcommunities im WorldWideWeb.

Printed in Germany by
Amazon Distribution
GmbH, Leipzig